# 浄土にまなぶ

ひろさちやのいきいき人生 3

ひろさちや【著】

春秋社

# まえがき

〝浄土〟といった言葉は、中国でつくられたものです。インド人は、それを〝ブッダ・クシェートラ（仏国土）〟と呼びました。大乗仏教では、十方世界に多数の仏がいるとされていますが、その十方の諸仏がそれぞれの仏国土・浄土を持っておられると考えられています。すなわち「十方諸仏・十方浄土」といった考え方になるのです。

ところが、中国や日本においては、阿弥陀《あみだ》仏信仰が盛んになり、浄土といえば阿弥陀仏の浄土である極楽世界を指すようになりました。インドではあまり阿弥陀仏信仰はなかったのですが、中国や日本においては阿弥陀仏が釈迦仏についで、あるいは釈迦仏よりも代表的な仏と考えられています。ちょっとおもしろい現象だと思います。

さて、それ故、極楽世界がわれわれにとって代表的な浄土になるのですが、その極楽世界はわれわれが死んだあとで往き生まれる――それを〝往生する〟といいます――世界です。ここに大きな問題があります。

というのは、わたしは本書において、仏教的生き方というものを考えたいからです。わたしたちがどのような日常生活をおくればよいか、それを仏教に学びたいのです。そしてわたしは、本書において、とくに「浄土」をテーマとしました。

だが、浄土、とりわけ阿弥陀仏の極楽世界は、わたしたちが死んだあとで往き生まれる世界なんですねえ。

それが死後の世界であれば、わたしたちの「生き方」とは関係がなくなります。

現代日本の仏教は「葬式仏教」と呼ばれています。葬式そのものは、その必要性をわたしも認めます。ですが、そのあとの初七日や満中陰、一周忌、三回忌などは、本当に必要でしょうか。ましてや七回忌、十三回忌、三十三回忌、五十回忌なんて、馬鹿の限りではありませんか。それなのにお坊さんは、わたしたちに生き方を教えず、死者のための法事ばかりをやっています。それが「葬式仏教」の実体です。

それもこれも、「浄土」が死後の世界だからそうなるのです。

いや、それはちょっと違います。本当に「浄土」が死後の世界であれば、死後のことはすべて仏にまかせておけばいいのです。わたしたちが死んだあと、地獄に堕ちるか、極楽に往けるか、それは自分で決められるものではありません。いや、地獄に堕ちるほうは、自分で決められますよ。悪いことをすればいいのです。悪人は必然的に地獄行きです。けれども、極楽世界のほうは、あなたは自分の力でもって往くことはできません。あんな遠い遠い世界に往ける力は、人間にはないのです。極楽世界は、阿弥陀仏の力でもって往かせてもらえるのです。だから、死後に極楽世界に往生したいのであれば、あなたはすべてを阿弥陀仏におまかせすればいいのです。

「阿弥陀仏よ、おまかせします」（それが「南無阿弥陀仏」です）

とあなたが信仰告白をすれば、あとは阿弥陀仏が全部とりはからってくださります。と、そういうことを教えるのが、本当の浄土信仰です。

いいですか、本当の浄土信仰というのは、死んだあとのことはすべてを仏におまかせして、なんの心配もせずに、この世をゆったり、のんびりと生きることです。いや、ゆったり、のんびり生きることはなかなかむずかしい。この世においては、われわれは苦労ばかりさせられます。でも、それでいいのです。この世は「苦」の世界と割り切って、しっかり苦労するのがこの世の生き方です。わたしはそういう意味で、この世の生き方としての「浄土」を考えました。そしてこの本を書いたのです。

＊

なお、本論においても詳しく論じてありますが、「浄土」の代表は阿弥陀仏の極楽世界です。しかし、その極楽世界ばかりが浄土ではありません。

薬師如来の……浄瑠璃《じょうるり》世界、
大日如来の……密厳《みつごん》浄土、
もあります。それから、
釈迦仏の……霊山《りょうせん》浄土、
もあります。霊山浄土というのは、『法華経』が永遠に説き続けられる霊鷲山《りょうじゅせん》を「浄土」と見る考え方です。

本書は『浄土にまなぶ』と題しましたが、その「浄土」は、たんに阿弥陀仏の極楽世界ばかりではなく、諸仏のさまざまな「浄土」を意味すると考えてください。

ひろさちやのいきいき人生3　浄土にまなぶ　目次

# ひろさちやのいきいき人生3　浄土にまなぶ

# I

# 欣求浄土

# 1 考えるな！

▼戯論にふけるな！

釈迦の弟子にマールンクヤがいました。

場所は祇園精舎《ぎおんしょうじゃ》（ジェータヴァナ・ヴィハーラ）においてです。祇園精舎というのは、《祇園精舎の鐘の声、諸行無常の響きあり》と、『平家物語』の冒頭にある、あの精舎（寺院）です。ついでに言っておきますが、釈迦の時代、あの祇園精舎には鐘はなかったようです。

ある日、マールンクヤはなにか思いつめたような気配で、釈迦世尊のところにやって来ました。彼は、機会があれば、釈迦世尊に、

――この世界は有限であるか／無限であるか――

――霊魂と身体は同一か／別か――

――人間は死後も存在するか／しないか――

といった問いを呈していたのですが、釈迦はそれらの問いにいっさい答えられません。彼はそれが不満であったのです。それで彼は、

「世尊よ、きょうこそは答えをいただきたいと存じます。もしも世尊が相変わらず答えを拒まれますならば、わたしは世尊の許を去って、俗世に還ろうと思います」

と談判に及んだのでした。マールンクヤは、どうやら哲学青年であったようです。

釈迦はしばらくマールンクヤを見つめておられましたが、やがてこう言われました。

「マールンクヤよ、ここに人がいて、彼は毒矢で射られたとしよう。彼の友人たちは、急いで医者を迎えて、治療をしようとする。ところがその男は、

〝わたしを射た者はいかなる人か？〟〝その弓はいかなる形をしているか？〟〝いかなる毒が使われたのか？〟

と問い尋ね、それらの問いに答えが得られぬうちは、この矢を抜いてはならぬ、治療をしてはならぬ、と主張したとすれば、どういう結果になるであろうか？　おそらく男は、それらのことを知り得ないうちに死んでしまうであろう。

マールンクヤよ、〝世界は有限か／無限か？〟〝霊魂と身体は同じか／別か？〟〝人間は死後も存するか／否か？〟といった問題に答えたとて、われらの苦なる人生の解決にはならないのだよ。われらは、この現在の生において、この苦なる人生を克服しないといけないのだ。

だからマールンクヤよ、わたしの説かないことは説かないままに受持するがよい。わたしの説いたことを、説いたままに受持するとよいのだ」

『マッジマ・ニカーヤ』(六三)には、このような釈迦の教えが収録されています。ここに説かれた釈迦の教えが、古来、

——毒箭《どくせん》の喩《たとえ》——

としてよく知られているものです。仏教者たる者は、戯論《けろん》、すなわち無意味で、役に立たない論議にふけってはならぬと、釈迦は誡められたのです。

## ▼浄土の論じ方

さて、本書において、わたしは「浄土」を論じるつもりです。

「浄土」というのは仏国土、仏の世界です。そして、さまざまな浄土があります。しかし、日本人によく知られているのは、阿弥陀《あみだ》仏の世界である、

です。これは、わたしたちが死後に往生する世界であって、明らかに死後の世界です。ところが、いま述べたように、釈迦はわたしたちに、死後の世界については「考えるな！」と教えておられます。

——極楽《ごくらく》世界——

その釈迦の教えと、阿弥陀仏の極楽世界とは、矛盾しませんか。すなわち、「南無阿弥陀仏」と称えるなら、わたしたちは死後に極楽世界に往けると言われていることになり、死後の世界を考えていることになります。つまり、死後の世界は在ると言っているのです。しかし釈迦は、マールンクヤに対して、死後の世界の在る／無しを考えるなと教えられた。だから極楽世界を説くことは、釈迦世尊に楯突いていることになります。それでよいのでしょうか？

じつは、浄土の教えについて論ずるとき、たいていの論者は、お浄土を死後の世界、われわれがこの世で死んで、死んだあとで往く世界と捉えて論じます。もちろん、それはそれでまちがいではないのですが、そうするとお浄土の物質的な在り方にしか関心のない現代人には、浄土の物質的な実在／非実在がまず第一に問題になり、お浄土が持っている重要な意味が見失われてしまうのです。わたしはそういう論じ方は、現代人相手には不得策だと思います。それでわたしは、まず釈迦から始めようと思いました。釈迦から始めるということは、仏教の原点から始めようということです。

### ▼死後の世界の有無

釈迦は、死後の世界について「考えるな！」と教えられました。これは、「在る」と考えてもいけないし、「無い」と考えてもいけないのです。

なぜか？　死後の世界の有無は、人間がいくら考えても分からないからです。

以前、『人は死ねばゴミになる』と題する本が出版され、ちょっとした話題になりました。著者の名前は伏せておきます。わたしはその本に猛烈に腹が立ちました。著者は検察官をしていた人です。そりゃあね、「俺は死んだらゴミになる」と言うのはかまいませんよ。どうせその人は、ゴミみたいな人間だからです。けれども検察官であれば、人に死刑を求刑したこともあるでしょう。そのとき彼は、

「この人をゴミにしてやる」

と思って求刑したことになります。わたしは、そのような態度に腹を立てたのです。汚いですね。

ところが、ポリネシアの原住民は、死ぬ前に、それぞれが思い思いの星を指さして、

「自分は死んだらあの星に住む」

と言って息を引き取るそうです。「星の野尻」で知られていた野尻抱影が、そのように書いています（『星三百六十五夜（上）』中公文庫）。このほうがよほど美しい。

つまり、「人は死んだらゴミになる」と思っている人は、生きているあいだも、その人の心はゴミだらけです。「自分は死んだらあの星に住む」と考えているポリネシアの原住民は、生きているあいだも、その人の心に美しい星が宿っているのです。お浄土も同じだと思います。わたしたちが死んだあと、

「わたしは死んだあと、阿弥陀さんのおいでになる極楽世界に往き生まれさせてもらえる」

と信じている人は、生きているあいだも、心の中に美しいお浄土を持っています。それがお浄土だと、わたしは思います。

少し筆が先に進みました。元に戻します。

釈迦は、死後の世界の在る／無しについて「考えるな！」と教えられました。だとすると、われわれは死んだら阿弥陀仏のおられる極楽世界に往き生まれさせてもらえると言うのも、釈迦の教えと矛盾しているわけです。その矛盾については、のちにわれわれは考察することにします。

しかし、その前に、ここで言っておきたいことは、人は死んだらゴミになると言うのも、

釈迦の教えではありません。人は死んだらゴミになるというのは、つまりは死後の世界なんて無いと主張していることになるのですが、その「無い」という主張も、まさに死後の世界について考えていることになるからです。釈迦は、死後の世界は「在る」と言ってもいけないし、「無い」と言ってもいけないと教えたのです。そのことを、われわれはしっかりと確認しておきましょう。

### ▼未来のことを考えない

さて、わたしたちは釈迦の教えから出発するのですが、ではどうすればよいのでしょうか……？

もちろん、考えなければよいのです。

でもわたしたちは、死のこと、死んだらどうなるかを考えてしまいます。「考えるな！」と言われても、ついつい考えてしまうのだから、どうしようもありません。

そこで、考えないためにはどうすればよいでしょうか？

わたしは、現在をしっかりと生きるとよいと思います。

釈迦はこう言っています。

過去を追うな。
未来を願うな。
過去はすでに捨てられた。
未来はまだやって来ない。
だから現在のことがらを、
現在においてよく観察し、
揺らぐことなく動ずることなく、
よく見きわめて実践すべし。
ただ今日なすべきことを熱心になせ。
誰か明日の死のあることを知らん。（『マッジマ・ニカーヤ』一三一）

「過去」は文字通りに過ぎ去った時間です。

そして「未来」は、未《いま》だやって来ない時間。

いずれも存在しない時間。現実に存在しているのは、ただ「現在」だけ。

にもかかわらずわれわれは、現在を無視、あるいは軽視して、存在しない時間ばかりを気にしています。「終活」という名のもとで遺書を書いたり、お墓の心配をしています。

そんな死後の心配をやめて、いま現在をしっかりと大事に生きよ。釈迦はわたしたちにそう教えているのです。

いや、釈迦ばかりでなく、キリスト教のイエスも同じように言っています。

だから、明日のことまで思い悩むな。明日のことは明日自《みずか》らが思い悩む。その日の苦労は、その日だけで十分である（「マタイによる福音書」6）

わたしたちがいくら思い悩んでも、死をどうすることもできません。だから「思い悩むな！」と、イエスは言っているのです。

ついでに言っておきますと、イスラム教の『コーラン』が、次のように言っています。

また、なににつけ、「私はそれを明日なすであろう」と決して言ってはならない。ただし、「アッラーが御望みなら（イン・シャーァ・アッラー）」が（言い添えて）あれば別である。（『日亜対訳　クルアーン』第18章。作品社）

イスラム教徒は、未来のことを言うとき、必ず「イン・シャー・アッラー」（もしもアッラーがそれをお望みなら）を言い添えねばなりません。なぜかといえば、未来に関してはアッラーだけに権限があり、人間には権限がないからです。

このイスラム教の考え方が、仏教にもキリスト教にも通じると思います。人間には未来を動かす権限はない。それが宗教の考え方ではないでしょうか。

## ▼石は沈み、油は浮く

死後のことをあれこれ考えないために、現在をしっかりと生きよ！　釈迦のそのアドヴァイス（忠告）は正鵠《せいこく》を射ています。そして、釈迦のアドヴァイスに従って、出家者たちは現在を大事に生きました。出家者というのは、この浮き世（あるいは憂き世）の栄達を放棄した人です。将来の出世を捨てた人。したがって未来を捨てて、現在だけに生きる人です。だから出家者は、未来を考えないでいられます。（ちょっと悪口を言わせてもらえば、現在の日本には一人の出家者もいません。お坊さんはみんな所得税を払い、浮き世での出世を目指しています。）

まあ、ともかく、出家者である釈迦の弟子たちは、死後のことを考えずに、現在を一生懸命に生きました。彼らは未来を考えるなという釈迦の教えを実践できたのです。

けれども、わたしたち在家の人間には、それはできません。どうしても、死後が気になります。

では、そのような在家の人間には、釈迦はどのようなアドヴァイスを与えたのでしょうか?

『サンユッタ・ニカーヤ』(42・6)には、次のような話があります。わたしは、この話を『インド仏教思想史・上』(大法輪閣、一九八七)に書きました。

釈迦が、ナーランダー近郊のとある林の中にいたときです。そこに村長がやって来て、釈迦に問いかけます。

「婆羅門《ばらもん》たちの言うところによると、彼らが儀式を執り行えば、死者はたちまち天界に再生するそうだ。どうだい、おまえさんにも同じことができるかい?」

村長の態度は、いささか傲慢です。それは、釈迦の令名がまだ確立していない時代だったからだと思います。しかし釈迦は腹を立てることなく、冷静に答えました。

「その問いに答える前に、村長、わたしからひとつ質問したい。湖があって、そこに大きな石を投げ込んだとしよう。当然、石は底に沈むだろう。そのあと人々が集まって来て、湖の周りで、

『石よ浮かべ、石よ浮かべ』

と祈願する。すると、石は浮きあがってくるだろうか?」

「いいや、そんなことはない」

「村長よ、それと同じなんだよ。生前、さんざんに悪を積み重ねた者は、死後、地獄に堕ちる。いくら祈願をやろうが、彼が天界に生まれることはない」

釈迦はしばらく言葉を休めたあと、続けます。

「それからね、村長。今度は瓶に油をいれて湖に投じたとしよう。そして、瓶が割れたとする。すると油が浮きあがってくる。人々がそこで、

『油よ沈め、油よ沈め』

と祈願する。するとなにかい、油は沈むだろうか……?」

「いいえ、そんなことはありません。油は浮くにきまっています」

「それと同じことなんだよ。生前に善行を積み重ねた者は、死後、天界に生まれ、地獄に堕ちることはない。村長よ、これがそなたの質問に対する回答である」

釈迦はそう言い終えて、村長に向かってにっこりほほえみました。

▼悪いことをするな！　善いことをせよ！
インド人は輪廻転生を信じています。

インドを旅すると、大勢の路上生活者、物乞いに出会います。なかには飢え死にする人

がいます。
「飢え死にするくらいであれば、無銭飲食をして刑務所に入ればいいじゃないか」
あるとき、わたしはインドの知識人にそう言ったことがあります。するとインド人は、
「この世で罪をつくれば、来世は地獄に堕ちて、何億年と苦しむはめになります。だから
わたしたちは、現世において悪いことをしないようにしているのです」
と教えてくれました。そういえば、インドにおいての十万人当たりの犯罪率は、世界で
も相当下位になります。彼らは輪廻を信じていて、来世において地獄に堕ちないように現
世を生きようとしているのです。
現代インドにおいてもそうですから、釈迦の時代のインド人が骨の髄まで輪廻を信じて
いたのは疑いありません。
釈迦はそのようなインド人である村長に、死後、地獄に堕ちないように、現世をしっか
りと生きなさいと教えられました。それは、つまりは、現世をしっかりと生きるなら、わ
れわれは来世の心配をすることはない——ということになります。
だとすれば、在家信者に対するアドヴァイスは、出家者に対するそれと変わりがないわ
けです。われわれは現在をしっかりと生きれば、未来の心配をする必要はないのです。
だが、問題は、わたしたちが現世をしっかりと生きることができるか／否か、です。

現世をしっかりと生きるということは、簡単にいえば、
――悪いことをするな！　善いことをせよ！――
になりますが、わたしたちにそれができるでしょうか？　できませんよね。わたしたちは凡夫であって、ついつい悪いことをしてしまいます。あとで〈しまった〉と思うのですが、もう遅い。そういうことがたびたびあります。

このことは、あとでまた考えねばならないことですが、そもそも「悪」とは何か／「善」とは何か、といったことも問題になります。たとえば、キリスト教のイエスは犯罪者です。彼はローマに対する叛逆者として十字架刑に処せられています。また、わが国の法然（一一三三―一二一二）、親鸞（一一七三―一二六二）、さらに日蓮（一二二二―八二）が流罪になっています。彼らは、その時代の法律によれば犯罪者なのです。そうすると、時の権力に迎合した人が善人になり、権力に逆らった人が悪人になりそうです。で、あなたは善人になりたいですか？　そういう皮肉も言いたくなりますね。

ともかく、「悪いことをするな！」「善いことをせよ！」と言われても、「はい、そうします」とはなりません。もちろん、それができる人はそうすればいいのですよ。でも、わたしのような中途半端な人間は、悪いことはすまいと思っていても、どうしてもやっちゃいます。そんな弱い人間はどうすればよいのでしょうか？

じつは、そういう人のために「浄土」の教え、そして「他力」の教えがあるのです。わたしたちは、次に「浄土」と「他力」について考えてみましょう。

## 2

# 蜘蛛の糸をのぼる

### ▼芥川龍之介の『蜘蛛の糸』

お浄土のことを考えるとき、わたしはいつも芥川龍之介（一八九二—一九二七）の短篇小説『蜘蛛《くも》の糸』を引き合いに出します。読者によっては〈またか……〉と思われるかもしれませんが、とてもいい例なので取り上げたいと思います。

或日《あるひ》の事でございます。御釈迦様は極楽の蓮池のふちを、独《ひと》りでぶらぶら御歩《おある》きになつていらつしやいました。

小説はそのように始まります。じつは、芥川はここでちょっとしたミスをやっているのです。極楽浄土においでになる仏は阿弥陀仏であって、芥川の言うようなお釈迦さまではありません。なぜ芥川ともあろう者が、このような初歩的なまちがいをしたのでしょうか……。

極楽の蓮池は地獄に通じています。そして地獄で、犍陀多《かんだた》という大泥坊が苦しんでいます。お釈迦さまは、犍陀多が生前、たった一つの善行をやったのを思い出され、彼を助けてやろうとされた。善行といっても、蜘蛛を踏み殺しそうになったのを、〈かわいそうに……〉と思って助けてやった。たったそれだけのことですが、それでお釈迦さまは蓮の葉の上にいる蜘蛛から糸を取り、地獄の底に下ろしてやったのです。

地獄の底では犍陀多がその蜘蛛の糸を見つけ、〈しめた〉とばかりに蜘蛛の糸をのぼります。だが、地獄と極楽のあいだは何万里とあり、くたびれた犍陀多は途中で休みます。そして、ふと下を見ると、蜘蛛の糸を大勢の罪人どもがのぼって来ています。自分一人でさえ切れそうな細い細い蜘蛛の糸です。大勢の重みに耐えられるわけがありません。犍陀多は大きな声を出して、

「こら、罪人ども。この蜘蛛の糸は己《おれ》のものだぞ。お前《まえ》たちは一体誰に尋《き》いて、のぼ

つて来た。下《お》りろ。下りろ」

と喚《わめ》きました。その途端、蜘蛛の糸はぷつりと切れ、再び犍陀多は地獄に落ちてしまったのです。

御釈迦様は極楽の蓮池のふちに立つて、この一部始終をぢつと見ていらつしやいましたが、やがて犍陀多が血の池の底へ石のやうに沈んでしまひますと、悲しさうな御顔をなさりながら、又ぶらぶら御歩きになり始めました。自分ばかり地獄からぬけ出さうとする、犍陀多の無慈悲な心が、さうしてその心相当な罰《ばち》をうけて、元《もと》の地獄へ落ちてしまつたのが、御釈迦様の御目《おめ》から見ると、浅間《あさま》しく思召されたのでございませう。

芥川はそのように言っています。

▼地獄という現実

日本はいま、すさまじい競争社会になっています。

競争社会というのは、猛獣に追われて逃げる二人の男の一人が言います。

「もうダメだ。われわれは獣よりも速くは走れない」

すると、もう一人が言います。

「なあに、きみよりも速く走ればいいのさ」

つまり、きみは食われろ、そのあいだにぼくは逃げる、というわけです。二人で一緒に食われよう、といった発想はありません。それが競争社会です。

景気が悪くなって、二人の社員に一人分しか仕事量がありません。ちょっと極端な話ですが、かりにそうなったとしてください。福祉国家の考え方だと、給料を半分にして二人とも働くことになります。ところが競争社会だと、簡単に一人をリストラします。日本はそんな社会になっています。

ということは、日本は地獄の情況を呈しているのです。

受験地獄、通勤地獄、交通地獄、……わたしたちはそんな言葉を平気で使い、それをあたりまえと思っています。

そしてわたしたちは、犍陀多と同じく、その地獄から自分一人が脱出したいと考えています。じつは、その俺だけが助かりたい、おまえたちはもっと苦しんでおれ、といった気持ちが、地獄をつくり出していることに気づいていません。そこのところに、地獄の恐ろしさがあります。

　われわれはお浄土について考察を進めているのですが、その前に、わたしたちは地獄にいるのだということを認識すべきです。地獄という現実の中で、お浄土が意味を持ちます。わたしたちが生きている現実が地獄なんだという認識なしでお浄土を考えるなら、お浄土は漫画的になってしまいます。わたしはそう思います。この点は、あとでもう一度考えてみます。

## ▼親鸞は蜘蛛の糸をのぼらない

　さて、あるときわたしは、親鸞であれば蜘蛛の糸をのぼられるであろうか？　と考えたことがあります。親鸞というのは、浄土宗の開祖の法然の弟子で、浄土真宗の開祖となった人です。そしてわたしは、すぐさま、

　——親鸞はのぼらない——

といった結論を出しました。この点は、わたしは確信を持っています。

　親鸞であれば、きっとこう言うでしょう。

　——お釈迦さま、ありがとうございます。「この糸をのぼって、極楽世界に来なさい」とお招きいただいたのですが、申し訳ありませんが、辞退させていただきます。なぜかと

いえば、とてもわたしの力では、極楽世界までの何万里という距離をのぼることはできません。きっと途中でへばってしまうに違いないからです。

それに、わたしは煩悩の多い身です。だから犍陀多と同じく、あとからのぼって来る大勢の人々を見て、

「こらっ、おまえたちがのぼって来れば、この糸が切れるではないか。おまえたちは、下《お》りろ、下りろ」

と言うに違いありません。そうすると、その大勢の人々とともに、地獄に戻ってしまいます。

だからわたしは、蜘蛛の糸をのぼらずにいます。

蜘蛛の糸は、のぼりたい人がのぼられるとよいでしょう。

わたしは、このまま地獄にいます。

そして、地獄にいるわたしを、阿弥陀仏が〈救ってやろう〉と思われたなら、阿弥陀仏がこのままでわたしを救ってくださるでしょう。そう信じて、わたしは阿弥陀仏の救いを待つことにします。

お釈迦さま、ありがとうございました――

親鸞がそう言った瞬間、あたりは光ばかりの世界になっていました。

その瞬間、親鸞はお浄土にいたのです。

そう考えるなら、あんがい芥川のミスがミスでなくなります。

芥川が極楽世界に正しく阿弥陀仏を登場させていたら、そして阿弥陀仏が親鸞のために蜘蛛の糸を下ろされたなら、親鸞は、

「わたしはのぼらずに、阿弥陀仏の救済を待ちます」

とは言えませんね。芥川が釈迦を登場させたおかげで、親鸞はそう言えたわけです。芥川はそこまで考えて、極楽世界に釈迦を登場させたのでしょうか。まさか……とは思いますが、ひょっとしたら芥川龍之介はそこまで計算したのかもしれません。

▼道元ののぼり方

次に、親鸞の師であった法然がどうするかを考えたいのですが、その前に道元（一二〇〇—五三）を取り上げます。道元はわが国曹洞宗の開祖です。

道元は、『正法眼蔵』の「生死」の巻において次のように言っています。


この生死はすなはち仏の御いのちなり。これをいとひすてんとすれば、すなはち仏の御いのちをうしなはんとするなり。これにとどまりて生死に著《じゃく》すれば、これも仏の

いのちをうしなふなり、仏のありさまをとゞむるなり。いとふことなく、したふことなき、このときはじめて仏のこゝろにいる。たゞし、心をもてはかることなかれ、ことばをもていふことなかれ。たゞわが身をも心をもはなちわすれて、仏のいへになげいれて、仏のかたよりおこなはれて、これにしたがひもてゆくとき、ちからをもいれず、こゝろをもつひやさずして、生死をはなれ、仏となる。たれの人か、こゝろにとゞこほるべき。

――この生死は、とりもなおさず仏の御《おん》いのちである。これを忌避し捨てんとすれば、まさしく仏の御いのちを失うことになる。逆にこれを大事にしすぎて生死に執着すれば、それも仏のいのちを失って、ただ外形だけで仏らしくしているにすぎない。生死を厭《いと》うことなく、執着することもなくなったとき、そのときはじめて仏のこころが分かってくる。ともあれ、あれこれ揣摩《しま》臆測《おくそく》するな。言葉でもって言おうとするな。ただわが身とわが心をすっかり忘れ去ってしまい、すべてを仏の家（仏の世界）に投げ込んでしまって、仏のほうからの働きかけがあって、それに随《したが》っていくようにしたとき、力も入れないで、心労もせず、迷いを離れて悟りを得ることができる。そのようにすれば、誰も心を悩ませることはない――

わたしは、道元は蜘蛛の糸をのぼると思います。
彼は釈迦仏を信じています。阿弥陀仏の極楽浄土には、あまり関心がありません。したがって道元が蜘蛛の糸をのぼるのは、極楽浄土に達するためではなく、迷いを離れて悟りを得るためです。道元は〝生死〟という言葉を使っていますが、その〝生死〟というのは「迷い」の意味です。迷いの世界から悟りの世界に達するために、道元は蜘蛛の糸をのぼるのです。

したがって、この「のぼる」という行為は、明らかに自力です。自分の力でもってのぼるのです。親鸞は阿弥陀仏にすべてをおまかせる「他力」を選びましたが、道元は「自力」を選んだわけです。

しかし、自力と他力を簡単に対立概念でもって考えないでください。仏教においては、一〇〇パーセントの自力なんかありません。一〇〇パーセントの自力というのは、無宗教です。それであれば仏は不要になります。だから道元は、

《仏のかたよりおこなわれて》〔仏のほうからの働きかけがあって〕

と言っています。そもそも蜘蛛の糸を与えてくださったのは釈迦仏です。そのような「仏力」があっての上での「自力」(自分の力)です。大きな仏力が働いていて、そこに自

分の力を加えるのです。それが仏教の自力です。

さて、道元は蜘蛛の糸をのぼりますが、その場合、《ただわが身をも心をもはなちわすれて、仏のいへになげいれて》〔ただわが身とわが心をすっかり忘れ去ってしまい、すべてを仏の家（仏の世界）に投げ込んでしまって〕いるのです。ここでは、仏の家（仏の世界）というのは蜘蛛の糸です。つまり道元は、蜘蛛の糸そのものになりきっています。それが道元ののぼり方です。

だから道元は、上を見ることはありません。犍陀多は上を見て、〈あとどれくらいのぼらねばならないのだろうか……〉と、ちょっとうんざりしたようですが、道元はそんなことはしません。また、犍陀多は下を見て、大勢の罪人がのぼって来るのを見ましたが、道元は蜘蛛の糸になりきっていますから、下を見ることもしません。すなわち道元は、「過去を追わず、未来を願わない」のです。ひたすら現在を生きています。ただのぼるだけ。それが道元ののぼり方です。

▼仏の救済力におまかせする

この道元ののぼり方が、仏教の基本形です。

仏教の目的は、蜘蛛の糸をのぼって悟りの世界に到達することです。つまり悟りを開くこと。そのために修行するのが、仏教の基本なんです。
けれども、早合点をしないでください。わたしたちは悟りを開いたからといって、なにも人格高潔になるわけではありません。悟りを開いた人は、病気にならないわけではない。また、病気が治るわけでもありません。あるいは、人間関係の悩みがなくなるのではないのです。

新宗教への入信の動機として、一般に、

――貧・病・争の三本柱――

が言われています。この教団に入ると、あなたは金持ちになれますよ、病気が治りますよ、人間関係のトラブル（夫婦や嫁と姑の不和）が解消されますよ、と言われて、新宗教に入信する人が多いのです。

けれども、悟りを開いたところで、病気が治るわけではありません。金持ちになるどころか、教団に多額の金をまきあげられる危険もあります。

では、何のための悟りか……？　たぶん読者はそう思われるでしょう。しかし、悟りを開いた人は、病気の苦しみをしっかりと苦しむことができるのです。貧乏にもかかわらず、楽しい人生を送ることができます。人間関係のトラブルに悩みながら、それをしっかりと悩むことができるのです。わたしはそのように考えます。

まあ、ともかく、仏教の目的は悟りを開くことです。そのために蜘蛛の糸をのぼるのです。

しかし、そう簡単にはのぼれません。

道元はうまくのぼったようですが、あれは道元だからこそできたのです。わたしたちであれば、〈どこまでのぼればよいのだろう。わたしなんかには、とてものぼりきることはできない。やめよう〉と、途中で断念せざるを得ません。あるいは、あとからのぼってくる他人を見て、

「おまえたちは下りろ！」

と言いたくなります。すると糸が切れて、結局は地獄に舞い戻ってしまいます。

では、われわれはどうすればよいのでしょうか？

そこで考え出されたのが、仏の救済力に頼る方法です。具体的には阿弥陀仏の本願力におまかせするのです。これについてはあとで詳しく説明しますが、すべてを阿弥陀仏におまかせする方法で、それを、

——他力——

といいます。より正しく言えば、「本願他力」です。

### ▼法然ののぼり方

いったい阿弥陀仏の救済力とは何か？　阿弥陀仏は、自分の力でもっては蜘蛛の糸をのぼることのできない大勢の凡夫を救わんとする誓願をたてられたのです。それを「本願」といいます。仏教で〝本〟というのは、だいたいにおいて「基本」の意味ではなしに、「過去」あるいは「前」の意味に使われます。阿弥陀仏がまだ仏になる前の修行中、すべての衆生を救わんとする「本願」をたてられた。そして仏になられた。だから阿弥陀仏はすべての衆生を救う力をお持ちになっているのです。その阿弥陀仏の救済力によってわたしたちが救われるのが、他力という考え方です。

でも、詳しいことはのちにしましょう。

ところで、この他力の救われ方を端的に示したのは法然です。

親鸞が、「わたしはのぼりません」と言ったのも、まちがいなく他力の考え方です。けれども、この親鸞の考え方はちょっと極端に過ぎると思います。どちらかといえばキリスト教に近い考え方で、仏教の場合は、わたしは法然の考え方のほうがいいと思います。

では、法然は、蜘蛛の糸をのぼるでしょうか？

のぼるといえば、のぼります。けれども、実際にのぼれば、それは自力になってしまいます。道元と同じになります。

法然の場合は、阿弥陀仏が極楽浄土からおろしてくださった糸を、自分の体に巻き付けるのです。

そして「南無阿弥陀仏」とお念仏を称えます。このお念仏は、「阿弥陀さん、わたしは蜘蛛の糸を巻き付けましたよ。あとはよろしくお願いします」といった合図を送ることになります。

そうすると、阿弥陀仏は合図に応じて、ウインチでもって糸を巻き揚げてくださいます。あとはラクチンです。わたしたちは何もしないでも、阿弥陀さんが巻き揚げてくださいます。

これが他力です。

まあ、ときどきは、「南無阿弥陀仏」のお念仏を称えたほうがよいでしょう。これは、「阿弥陀さん、わたしはまだ摑まっていますよ」と、糸を引っ張って合図を送っていることになります。あるいは、「阿弥陀さん、ありがとうございます」と、感謝を述べているのだと考えてもよいでしょう。しかし、これは義務ではありません。お念仏は、最初に摑まったときの一回でもいいのです。この点は、

――一念義か／多念義か――

ということで、法然門下でもいろいろ議論のあるところですが、わたしは一念義（一回きりの念仏）でもいいし、多念義（数多く称える念仏）でもいいと思います。お念仏は決して義務ではありません。感謝の念仏だと考えれば、ごく自然に「南無阿弥陀仏」（ありがとうございます）が出てくるはずです。

この法然の考え方だと、蜘蛛の糸をあとからのぼって来る者はいませんから、

「おまえたちは下りろ！」

と言う必要はありませんね。だからエゴイズムを発揮して、そのために糸の切れる心配はありません。その意味では安心していられます。

でも、わたしがこのように説明すれば、

「そんなのずるいよ」

と、抗議を受けそうです。なぜなら、蜘蛛の糸を独り占めして、他の人々に使わせないからです。

だが、それは違うのです。みなさんは、蜘蛛の糸はたった一本しかないと思っておられるかもしれませんが、そうではなしに何本も何本もあるのです。それを必要とする人の数だけ、何万本、何億本もあります。

だから、あなたはあなたの糸を自分に巻き付けるとよい。それで、他人の救済を妨害し

たことにはなりません。

わたしは、お念仏とはそういうものだと思います。安心して「南無阿弥陀仏」をお称えください。

# 3

# 神話としての極楽世界

### ▼お浄土の「意味」

ここで、お浄土に関する基礎知識を述べることにします。

わたしは、極楽世界というのは、仏教の神話だと思います。昔の人は、これを文字通りに受け取っていたでしょうが、現代においては神話として受け取ったほうがよいと思います。

キリスト教の『旧約聖書』の巻頭に「創世記」があります。

初めに、神は天地を創造された。地は混沌であって、闇が深淵の面《おもて》にあり、神の霊が水の面を動いていた。神は言われた。

「光あれ。」

こうして、光があった。神は光と闇を分け、光を昼と呼び、闇を夜と呼ばれた。夕べがあり、朝があった。第一の日である。


このように始まります。神がこの宇宙を創造された。その物語です。

昔の人は、これを文字通りに信じていました。神が天地を創造し、植物をつくり、動物をつくられたのです。だからダーウィン（一八〇九―八二）が進化論を提唱したとき、それは神の天地創造を否定する説として、キリスト教徒は猛烈に反撥しました。

いや、昔ばかりではありません。現在でもアメリカのファンダメンタリスト（原理主義者）は、聖書の無謬性を信じ、聖書に書かれていることがその通りにあったのだと主張しています。

でも、常識的には、聖書に書かれているのは「神話」であると見たほうがよいでしょう。そして、ドイツの神学者・聖書学者のブルトマン（一八八四―一九七六）などは、聖書の「非神話化」、つまり実存論的解釈を加えることを提唱しています。

わたしは、仏教の極楽世界も、文字通りに存在すると見るより、「神話」と見て、それを解釈したほうがよいと思います。もっとも、それが西方十万億土の彼方に存在していると信じられる人は、そう信じてもよいのです。ただ、お浄土の実在を信じられない人は、無理に信じる必要はありません。しかし、極楽世界の存在が信じられないからといって、お浄土の「意味」まで否定しないでください。わたしたちの日常生活において、お浄土は大きな意味を持っています。わたしはお浄土の意味を信じています。

▼浄土三部経

阿弥陀仏の極楽世界について述べた経典に浄土三部経があります。ほかに数多くの経典があるのですが、法然が代表的な経典として、左の三部を選び、浄土三部経としました。

三経とは、一には無量寿経《むりょうじゅきょう》、二は観無量寿経《かんむりょうじゅきょう》、三は阿弥陀経《あみだきょう》なり。……今はただこれ弥陀《みだ》の三部なり。故《かるがゆえ》に浄土の三部経と名づくるなり。弥陀の三部は、これ浄土の正依の経なり。

法然は『選択本願念仏集』の中でそう言っています。

1 『無量寿経』……サンスクリット語の原典の経典名は『スカーヴァティーヴュー

ハ』です。じつは、3の『阿弥陀経』も同じく『スカーヴァティーヴューハ』です。そこで、こちらのほうが分量が多いので、『大経』とも呼ばれます。漢訳は曹魏の康僧鎧《こうそうがい》訳で知られます。阿弥陀仏の前身である法蔵菩薩がたてた四十八願と、極楽世界の情景を詳しく描写しています。

2 『観無量寿経』……『観経』とも略称されます。サンスクリット語原典は見つかっていないので、ひょっとしたら中央アジアか中国でつくられたのではないかといった説もあります。阿弥陀仏と極楽世界を観想する方法を説いています。

3 『阿弥陀経』……こちらのほうは『小経』とも呼ばれます。鳩摩羅什《くまらじゅう》（羅什ともいう）訳になります。阿弥陀仏と極楽世界の光景を簡潔に描写しています。

では、この浄土三部経によって、極楽世界の神話を考察してみましょう。

## ▼極楽浄土の設計図

昔むかし、はるかな過去の出来事です。そのとき、その世界には世自在王仏《せじざいおうぶつ》がおいでになりました。また、一人の国王がいて、世自在王仏の説法を聴聞して感動し、自分もまた仏にならんと志し、王位を捨てて出家し、比丘となりました。その比丘の名を法蔵《ほうぞう》といいます。

彼が仏になりたいと思ったのは、自己満足のためではありません。大勢の人々を救いたいという利他の願いの故なのです。

そこのところを、法蔵比丘（あるいは法蔵菩薩といいます）は世自在王仏に誓って次のように言っています。（引用は岩波文庫『浄土三部経（上）』によります）

われ、誓う、仏《ほとけ》となりえて、あまねくこの願を行じて、一切の恐懼《くく》（の人々をして）、大安《だいあん》ならしめん。

――わたしは誓います。仏となるためにあまねくこの願を行じて、いっさいの恐れおののく人々に大きな安らぎを与えることを――

法蔵菩薩のこの願いに応じて、世自在王仏は二百十億もの諸仏の浄土の優劣を教えられ、また実際にそれを見せられました。そして彼は、自分が建立したい仏国土・浄土がいかにあるべきか、プランを練ります。すなわち法蔵は、自分の建立したい浄土を〝極楽世界〟と名づけ、その「極楽世界」の設計図をつくったわけです。それが、

――四十八願――

と呼ばれる、四十八の項目から成る、極楽世界構築のための基本プランです。その四十八願のうち、最も重要なのは第十八願であって、古来これは「王本願」と呼ばれてきました。いま第十八願をとりあげて解説します。

たとい、われ仏を得たらんに、十方の衆生、至心に信楽《しんぎょう》して、わが国に生れんと欲して、乃至《ないし》十念せん。もし生れずんば、正覚を取らじ。ただ五逆《ごぎゃく》と正法を誹謗するを除く。

――たとえわたしは仏となることを得ても、十方の衆生が心をこめて信心歓喜し、わが浄土に往生したいと思って、わずかに十回の念仏をする。そのような人がもし往生できぬようであれば、わたしは正覚を取らない。ただし、五逆の罪を犯した者と、正法を誹謗する者は除く――

四十八願のフォーマット（形式）はおもしろい論理構造になっています。「たとえわたしは仏となることを得ても」というのは、法蔵菩薩は仏となるための修行をして、その修行の功徳によって仏となるわけですが、しかし彼の極楽世界に往生したい（往き生まれたい）と衆生がわずかに十回でも念仏する、そうするとその人が往生できるようにしたい。それが法蔵菩薩の願いです。だが、もしもそのような人が極楽世界に往生できないのであれば、自分は仏にならない。法蔵はそう言っています。ところが、実際には法蔵は阿弥陀仏という仏になっています。すでに仏になっているのだから、彼の願いは実現されているのです。そういう論理です。

まことにおもしろい論理です。それ故、われわれがわずか十回の念仏をする。そうするとわれわれは極楽世界に往生できる。それが論理必然性です。まちがいなく往生できるのです。そう信じてください。まことにありがたい願いで、「王本願」と呼ばれる理由がよく分かります。

ただ問題は、「五逆と正法を誹謗するを除く」とある点です。

五逆というのは、父を殺す、母を殺す、阿羅漢《あらかん》（小乗仏教の最高位の聖者）を殺す、仏身より血を出さしむ、仏教教団を分裂させる、といった五つの罪です。また、仏教の教えを誹謗する者が除外されます。そうすると、法蔵菩薩の「あらゆる人を、漏れなく救う」といった願いと矛盾することになりませんか。

これについては、古来、いろいろと議論されてきました。まあ、だいたいにおいて、阿弥陀仏はいかなる悪人であっても救われるというのが結論のようです。しかし、それでも

いちおう、

「こういう悪いことはしてはいけないよ」

と、注意しておく必要があります。そのような抑止《よくし》の言葉だというのが、一般的な解釈です。われわれもその解釈に従っておきましょう。

▼地獄・餓鬼・畜生のいない極楽世界

さて、極楽世界とはどういう世界でしょうか？　まず指摘すべきは、そこには三悪道《さんまくどう》(三悪趣《さんあくしゅ》ともいいます。地獄・餓鬼・畜生の三つの世界です) がないのです。四十八願のうちの第一願と第二願はこうなっています。

たとい、われ仏を得たらんに、国に地獄・餓鬼・畜生あらば、正覚を取らじ。

たとい、われ仏を得たらんに、国中の人天《にんでん》、寿《いのち》終りて後、また三悪道に更《かえ》らば、正覚を取らじ。

前にも述べたように、インド人は輪廻転生を信じています。われわれは死後、天・人・

修羅《しゅら》・畜生・餓鬼・地獄の六つの世界のいずれかに転生するのです。しかし、極楽世界には、畜生・餓鬼・地獄の三悪道、すなわち苦しみの多い世界はないのです。いや、三悪道をなくしたいと法蔵菩薩は願いをたてました。それが第一願です。そして第二願においては、死後にそのような三悪道に転生しないようにしたいと願っています。これは重複になりますよね。三悪道がないのであれば、そこに転生することはありません。でも、まあこれは、念を押して言ったのだと思います。

この点に関しては、『阿弥陀経』には次のようにあります。

またつぎに、舎利弗《しゃりほつ》よ、かの国には、常に種種の奇妙・雑色《ざっしき》の鳥あり。白鵠《びゃっこう》・孔雀《くじゃく》・鸚鵡《おうむ》・舎利《しゃり》・迦陵頻伽《かりょうびんが》・共命《ぐみょう》の鳥なり。このもろもろの鳥、昼夜六時に、和《わ》雅《げ》の音《こえ》を出す。……その土の衆生、この音《こえ》を聞きおわりて、みなことごとく、仏を念じ、法を念じ、僧を念ず。

〝かの国〟というのは極楽世界です。『阿弥陀経』は、釈迦が弟子の舎利弗（シャーリプトラ）に極楽世界の光景を話して聞かせる形式の経典で、極楽世界にはさまざまな鳥がいると教えています。迦陵頻伽や共命鳥などは想像上の鳥です。そして、さまざまな鳥が妙音を発しています。いい声で鳴くのです。

すばらしい光景ですね。

でも、疑問が湧《わ》きませんか……?

だって、鳥というのは畜生ですよね。極楽世界には地獄・餓鬼・畜生がいないはずなのに、どうして畜生である鳥がいるのですか⁉

そこで『阿弥陀経』は、あわてて次の文を挿入しています。

舎利弗よ、汝、この鳥、実にこれ罪報《ざいほう》の所生《しょしょう》なりとおもうことなかれ。所以《ゆえ》はいかに。かの仏国土には、三悪趣なければなり。舎利弗よ、その仏国土には、なお三悪道の名すらなし。いかにいわんや、実（体）あらんや。このもろもろの鳥、みな、これ阿弥陀仏、法音《ほうおん》をして宣流《せんる》せしめんと欲して、変化《へんげ》したまえる所作《しょさ》なり。

極楽世界には三悪道がない。畜生がいないのであるから、そこにいる鳥は、仏が仮に鳥の姿になって出現したものだ。そのように解説されています。

浄土三部経は、まったく別個につくられたものです。しかし、にもかかわらず整合性がありますね。感心します。

何度も繰り返しますが、われわれの住む現代日本は地獄の様相を呈しています。その中に生きるわたしたちにとって、地獄・餓鬼・畜生のいない極楽世界の神話の意味を、もう一度考えるべきではないでしょうか。

## ▼差別のない極楽世界

『無量寿経』に戻ります。

四十八願のうちの第四願は、次の通りです。

たとい、われ仏を得たらんに、国中の人天、形式《ぎょうしき》同じからず、好醜《こうしゅ》あらば、正覚を取らじ。

——たとえわたしは仏となることを得ても、わが仏国土の人々が容貌が同じでなく、好醜の差別があるならば、わたしは正覚を取らぬ——

これは「無有好醜の願」と呼ばれています。

この世は差別の世界です。さまざまな差別があります。お浄土においては、差別があってはならないのです。

けれども、勘違いしないでください。差別をなくすために、人間の姿をまったく同一にしなければならない――と考えてはいけません。現代日本の社会は、差別を撤廃しようとして、かえっておかしなことをしています。

じつは、差別というものは、対象の側にあるのではありません。対象を見るこちら側に問題があるのです。

たとえば、わたしたちは園芸植物と雑草を差別します。けれども、「雑草」という植物があるわけではありません。「雑草」というのは、人間が管理している土地に生えて、管理しているものに有害な影響を及ぼす植物と定義されています。たとえば、畑に生える植物は、土地の栄養分や水分を奪い、作物の成育に有害です。また、公園に生える植物は、美観を損ねます。だから「雑草」になるのです。同じ植物が山野に生えると「野草」になります。それ故、植物に「差別」があるのではなしに、それを見る人間の側に「差別」があるのです。

ですから、美人と醜い人がいるのではありません。わたしたちが「あの人は美人だ」「あの人は醜い」と見る、そのわたしたちの心の中に「差別」があるのです。法蔵菩薩が「差別」のないお浄土を建立したいと思ったのも、事物を見るお浄土の人間に「差別」の心がないようにしたかったのだと思います。

### ▼男と女の差別なく

この点に関して、いささか問題になるのが、第三十五願の「女人往生の願」です。

たとい、われ仏を得たらんに、十方の無量・不可思議の諸仏の世界に、それ女人《にょにん》ありて、わが名字を聞きて歓喜信楽《しんぎょう》して、菩提心を発《おこ》し、女身《にょしん》を厭悪《えんお》せんに、寿《いのち》終るの後、また女像をなさば、正覚を取らじ。

――たとえわたしは仏となることを得ても、十方の無量・不可思議の諸仏の世界に女性がいて、わたしの名字を聞き、歓喜して信楽して、菩提心をおこし、女性の身を嫌悪したとする。その女性が命終ののち再び女性に生まれるならば、わたしは正覚を取らぬ――

これは、率直に読めば、女性もまた往生できると説いたものです。しかしこの願は、別に「転女成男《てんにょじょうなん》の願」とも呼ばれています。すなわち、女性は男性になって往生できると言っているのです。

ということは、女性は女性のままで往生できないのだから、それは女性差別ではないか。そういう意見もあります。昔は誰もそんなことを言わなかったのに、女権拡張運動が起きてから、話がややこしくなりました。

これは、こう考えるとよいと思います。極楽世界に往生するとき、みんな男性になって生まれます。男も女も、みんな男性になるのです。ということは、極楽世界には女性がいません。それで女性も男性の姿になるのですが、全員が男性だということは、男性もいないのです。女性がいてはじめて男性がいるわけですから、全員男性であれば、それは男性でないわけです。まあ中性と呼べばよいでしょう。わたしはそう考えています。

じつは、わたしはいま極楽世界を具象的に説明しています。目に見える姿・形があるものとして描いているのです。しかし、極楽世界は「神話」なのです。神話であれば、具象的に説明する必要はありません。このことは次章でも述べるつもりでいますが、極楽世界を心の中にある世界と考えてもよいのです。そうすると、男性／女性といった姿・形にとらわれる必要はありません。あなたの心の中にある美しいイメージでもって、極楽世界を考えればよいのです。それが「神話」の解釈になります。

## ▼無量寿と無量光

〝阿弥陀仏〟のサンスクリット語名は二つあります。

一つは〝アミターユス〟で、これは〝アミタ〟（限りない）と〝アーユス〟（寿命）の合成語で、〝無量寿仏〟〝無量寿如来〟と訳されます。

もう一つは〝アミターバ〟で、〝アミタ〟（限りない）と〝アーバ〟（光明）の合成語です。こちらのほうは漢訳だと〝無量光仏〟〝無礙光仏《むげこう》〟になります。

つまり阿弥陀仏は、限りない寿命と限りない光明の仏なのです。

これについては、四十八願中の第十二願と第十三願が設計図になります。

たとい、われ仏を得たらんに、光明、よく限量ありて、下、百千億那由他《なゆた》の仏国土を照らすに至らざれば、正覚を取らじ。

――たとえわたしは仏となることを得ても、光明に限度があって、最低でも百千億那由他の仏国土を照らすことができないようであれば、わたしは正覚を取らない――

たとい、われ仏を得たらんに、寿命、よく限量ありて、下、百千億那由他劫に至らずば、正覚を取らじ。

——たとえわたしは仏となることを得ても、寿命に限度があって、最低でも百千億那由他の劫にならないのであれば、わたしは正覚を取らぬ——

那由他というのは、$10^{60}$といった厖大なる単位です。また劫は、それよりもっともっと長い時間の単位です。われわれであれば「無限」と言ってしまうところを、古代のインド人はいちおうの数字で説明するのです。ともかく阿弥陀仏の光明も寿命も、とてつもなく厖大な数字で示されます。

▼お浄土には時間がない

わたしが六十歳のとき、父の五十回忌をやりました。そのとき、母は八十一歳でした。妻が夫の五十回忌を営むのは、非常に珍しいケースだと思います。

わたしは墓の前で、母に言いました。

「お母ちゃんはもうすぐお浄土に往って、お父ちゃんと再会するやろ。するとお父ちゃん

はきっと、

〝わし、こんな婆《ばあ》さんは知らんで……〟

と言うに違いないわ」

母は苦笑していました。

母が父と別れたのは、母の三十歳のときでした。若い女性です。それから五十年後、八十過ぎの老婆がお浄土にやって来ます。そんな老婆、父は知らないでしょう。わたしはちょっと母をからかったのでした。

母は妹と同居していました。その妹が、あとで教えてくれました。

「お兄《にい》ちゃんがあんなこと言うから、お母ちゃんはあの晩、荷物を整理してたで……。ほんで見合い写真を出して来て、

〝わてが死んだら、棺桶の中にこの写真、入れといてや。お浄土でお父ちゃんに、わたし、これですねん、と見せるさかいにな〟

と言ってたで……」

なかなかかわいいところのある母でした。母が九十六歳で死んだとき、もちろん棺《ひつぎ》の中にその見合い写真を入れてやりました。

＊

母が八十一歳のとき、わたしは母をからかったのですが、あとで母に謝りました。

三十歳のとき別れた妻が、八十の老婆になってやって来る。計算上はそうなります。しかし、お浄土は「神話」です。お浄土を神話的に解釈すれば、お浄土において人間は年齢を超越しているのではないでしょうか。

なぜなら、阿弥陀仏は無量寿仏です。ある意味で無限の寿命を持った仏です。ということは、お浄土の住人はみんな無量の寿命を持っています。仏だけが無量寿で、住民はそうではないというのではありません。仏が無量寿であれば、そこに生きる衆生も無量寿です。わたしはそう思います。

そして無量寿ということは、お浄土には時間がないといってよいことになります。無限の時間ということは、つまりは無時間です。たとえば、お浄土の一秒が地球上での百億年に相当するとします。そうすると、地球が出来てから現在まで、お浄土では十秒にもなりません。したがって、お浄土には時間がないことになります。

だから、三十歳、八十歳といった計算がおかしいのです。

お浄土には年齢なんてないのです。

わたしは母にそのように説明しました。

そしてわたしももうすぐお浄土に往きます。父や母と再会するでしょう。しかしお浄土には、老若男女の差別がありません。それがお浄土の神話的解釈です。
わたしはお浄土をそのように考えています。

# 4

# 心の中にあるお浄土

## ▼地獄に行きたいと言った女性

お浄土に往けば、この世で縁のあった人と再会することができる。そのように教わったのですが、本当にそうなんですか？　仏教講演会において、わたしはそのような質問を受けました。質問者は中年の女性です。それに対するわたしの返答と、そのあとの問答を紹介します。

「『阿弥陀経』というお経には、〝倶会一処〟、倶《とも》に一つの処で出会うことができるとありますから、まちがいなく出会います」

「ああ、そうですか……。それならわたしは、お浄土に往くことをやめます。わたしは地獄に行きます」

「あなたが、なぜ地獄に行きたいか、わたしにはよく分かりますよ」

「本当に分かるんですか……？　当ててみてください」

「あなたは、あなたを虐めたお姑《しゅうとめ》さんに会いたくないからでしょう」

「そうです。よく分かりましたね」

「たしかにあなたが地獄に行けば、お姑さんに会わずにすみます。でも、あなたは、夫とも会えませんよ」

「夫に会わずにすむのですか。それは願ったり、かなったりです」

「それから、あなたは、実の両親にも会えませんよ」

「えっ、どうしてですか？」

「また、あなたは、お子さんとも再会できない……」

「なぜ？　どうして？」

「あなたのきょうだい、お友だちとも会うことができませんよ」

「どうしてですか？」

「なぜかといえば、あなたが行く地獄は、孤独地獄だからです」

「………」

「そこには、あなたを虐める鬼すらいません。そのような孤独地獄で、一兆六千二百億のあいだ、あなたはたった独りでいるのです。もちろん、食べ物の心配はありません。炊事も洗濯もしないでいい。ただ、あなたは独りでぽつねんといる。そういう地獄にあなたは行くのです。行きなさい、行きなさい」

「先生、そんなにわたしを虐めないでください」

「いいえ、わたしはあなたを虐めているのではありません。あなたが地獄に行きたいと言われたから、わたしは地獄の世界の観光案内をしただけですよ」

とはいえ、やっぱりわたしは彼女を虐めたことになりますよね。

質問者は、わたしをからかってやろうとしたのだと思います。「わたしは地獄に行きたい」といった言葉に、たぶんわたしがおたおたするだろう、と考えたわけです。しかしわたしは、それに引っかかるほどやわではありません。彼女は自分で墓穴を掘ったのです。なぜ墓穴を掘ったか？　彼女はお浄土というものを信じていないからです。お浄土を信じていない人間は、逆に地獄の存在をも信じられません。すると地獄は漫画的になります。

「俺が死んだら　三途の河で
鬼を集めて　酒を飲む」

学生時代、そんな歌を歌った覚えがあります。このような地獄は漫画です。地獄を信じていない者が、こんなざれ歌を歌うのです。

しかし、地獄はそんなやわなものではありません。わたしはそう思います。

▼お浄土ではみんな仏弟子

ところで、お浄土も地獄も、ある意味ではわたしたちの心の中にあるのです。

わたしは本書の冒頭で、ポリネシアの原住民が、「自分は死んだらあの星に住む」と、それぞれの好みの星を決めていることを書きました。彼らはそれぞれの「星」を心の中に持ちながら生きているのです。

一方、「人は死んだらゴミになる」と言う人がいます。その人は自分の心の中にゴミを抱えて生きているのです。

どちらが美しいか、言うまでもありませんね。

「わたしは死んだら地獄に行きたい」と言った女性は、自分の心の中に地獄を抱えています。この世は地獄ですよ。競争原理が支配するこの世において、「きみは損をしろ。ぼくは得をしたい」「俺は勝者になりたい。おまえが負けろ」と願いながら、地獄に生きています。そんなわれわれが、なにも死んだあとまで地獄に行くことはないではないですか。地獄はこの世だけにして、死んだあとは美しいお浄土に往きたい。せめて心の中だけでも、お浄土を持ちたいですね。

でも、お浄土に往けば、生前、さんざんに虐められたにっくきお姑さんがいる。あんな人には会いたくない。あなたはそう思っているかもしれません。それがあなたのまちがいです。認識不足です。

『阿弥陀経』という経典には、次のように書かれています。これは釈迦が、弟子の舎利弗に語られた言葉です。


「これより西方、十万億の仏土を過ぎて、世界あり、名づけて極楽という。その土に仏ありて、阿弥陀と号す。(かれ)いま、現に在《い》まして説法したもう」


いいですか、極楽世界には、いま現に阿弥陀仏がおいでになるのですよ。そして説法しておられます。

ということは、わたしたちが極楽世界に往けば、みんな阿弥陀仏の弟子になり、仏教を学ぶのです。直接、仏から教えを受けるのだから、わたしたちはすぐに仏教をマスターできます。

お分かりになりますか。お浄土にいるお姑さんは、娑婆世界にいたあのお姑さんではありません。阿弥陀仏の弟子であって、仏の心を持っておられます。

それに、あなた自身もお浄土に往けば、阿弥陀仏の弟子となり、仏の心を持っているのです。

したがって、あなたとお姑さんのあいだでは、なんのわだかまりもなく、心が通じています。

「あのときは、お互いに対立したね。ごめんね」

「いいえ、わたしこそ至りませんでした。お赦しください」

きっとそんな会話になるでしょう。

心の中にお浄土を持つということは、わたしはそういうことだと思います。

### ▼お浄土でお詫びをする

わたし自身、この世において迷惑をかけた人が大勢います。対立した人も数多くいます。申し訳ない気持ちでいっぱいです。

〈謝罪しなければならない〉

わたしはそう思います。

けれども、謝るというのは、むずかしいことです。喧嘩をしたあと反省して、〈謝りたい〉と思ったことは、これまで何度もあります。そして謝りに行って、再び喧嘩を蒸し返したことが、数多くありました。相手にすれば、言い足りなかったことがあるのです。こちらが謝っているのに、相手はなおもその言い足りなかったことをぶつけてくるのです。それで喧嘩が繰り返されるのです。

これは、相手が悪いのではありません。喧嘩が蒸し返されるのは、わたしたちは〈相手が悪い〉と思ってしまいますが、相手ばかりでなくこちらにも悪い点があります。わたしたちは喧嘩をしたあと、たいてい、

〈しまった！　あのとき、こういうふうに言ってやれば、相手も自分が悪いことに気がついたであろう。こういうふうに言えばよかった〉

と考えます。つまり、心の中で、喧嘩を続けているのです。だから和解なんてできるはずがありません。

にもかかわらず、こちらが殊勝にも謝罪します。それで和解が成立することもたまにはありますが、ほとんどの場合、再び喧嘩になります。わたしは、これまでたびたびそういう体験をしました。

したがって、最近は、わたしは謝ることをしません。こんなふうに考えることにしています。

〈わたしが悪かったのだ。それはよく知っている。でも、〝盗人にも三分の理〟と諺にあるように、相手にも悪い点がないわけではない。わたしが謝罪すれば、きっとまた喧嘩が蒸し返される。だから、謝るのは、お浄土に往ってからにしよう。お浄土においては、相手もわたしもともに仏弟子になっている。だからきっとわたしの心が通じるであろう。いや、わたし自身が、お浄土に往けば本当に心の底から謝罪の気持ちになっている。だから、謝るのは、お浄土に往ってからにしよう〉

わたしはもう八十歳以上になりました。もうすぐわたしはお浄土に往きます。そしてお浄土において、縁のあった人と再会します。そのとき、この世において迷惑をかけた人、対立した人、怨み憎んだ人にしっかりとお詫びをしようと思っています。

それが、心の中にお浄土を持つことだと思っています。

## ▼法然の念仏理論

建暦二年（一二一二）一月二十五日、法然は八十歳で入寂しました。これを書いているいま、わたしはその法然と同年になりました。ついでに言っておけば、釈迦の入滅も八十歳のときでした。

法然が死ぬ二日前、すなわち一月二十三日に、彼は『一枚起請文《いちまいきしょうもん》』を書いて、弟子の源智に与えています。この『一枚起請文』は、法然の思想を要約して示したものです。その冒頭を示しておきます。

唐土《もろこし》我朝《わがちょう》に、もろもろの智者達の沙汰《さた》し申さるる、観念の念にもあらず。又学問をして念のこころを悟りて申す念仏にもあらず。ただ往生極楽のためには、南無阿弥陀仏と申して、疑ひなく往生するぞと思ひ取りて申す外には別の仔細候はず。

——わたしが提唱したのは、中国や日本の仏教学者たちが論じている観想の念仏ではない。また、学問をして、念仏の意義をよく悟った上で称える念仏ではない。ただ往生極楽のためには、「南無阿弥陀仏」と称えればまちがいなく往生できると信じて念仏を称えるよりほかには何もない——

ここで法然は、自分が提唱する念仏、すなわち「南無阿弥陀仏」と称える念仏は、《観念の念にもあらず》——観想の念仏ではない——と断言しています。どうして法然はそのように言うのでしょうか。じつはそれまで「念仏」といわれていたものが、観念の念（観想の念仏）であったからです。つまり、心の中にお浄土をつくるのが、伝統的な念仏であった。それを法然は、ただ「南無阿弥陀仏」と口で称える念仏に変えてしまった。そのような仏教の理論の根本的な変革をやったのが法然です。

われわれは、自分が死んだらどうなるのか、心配です。しかし、わたしが「南無阿弥陀仏」と称えるなら、わたしは死んだあと阿弥陀仏の極楽世界に往生させてもらえます。「南無阿弥陀仏」は、

——阿弥陀仏よ、あとはすべておまかせします——

といった意味です。そして阿弥陀仏は、「南無阿弥陀仏」と称えた者を、すべて極楽世界に引き取ると約束しておられます。だから、わたしたちは極楽世界に往生できるのです。したがって、なにも心配する必要はありません。死後、どうなるか？　あれこれ考える必要はないのです。

すでに述べたように、釈迦世尊は、死後、どうなるかを考えるな！　と教えられました。死後、極楽世界に往生すると分かっていれば、われわれは死後のことをあれこれ考えないですみます。法然の理論は、まさに釈迦の教えに添ったものです。

### ▼現世を忌避する

では、伝統的なお浄土の理論はどういうものでしょうか？
それは観想の念仏であって、浄土の具体的な様相を想い浮かべる観法になります。
これについては、『観無量寿経』に次のようにあります。最初に原文を示しておきますが、ちょっとむずかしいものですから、現代語訳のほうだけを見ていただければよいでしょう。

「ただ、願わくは、世尊よ、わがために広く憂悩《うのう》なき処を説きたまえ。われ、まさに（その処に）往生すべし。閻浮提《えんぶだい》の濁悪《じょくあく》の世を楽《ねが》わざればなり。この濁悪処《じょくあくしょ》には、地獄・餓鬼・畜生、盈満《ようまん》し、不善の聚《ともがら》多し。願わくは、われ、未来、（かかる）悪声《あくしょう》を聞かず、悪人を見ざらんことを。いま、世尊に向いて、五体投地《ごたいとうじ》し、哀れみを求めて懺悔《さんげ》す。ただ、願わくは、仏日よ、われをして清浄業処《しょうじょうごっしょ》を観ぜしめたまえ」

――「どうか釈迦世尊よ、願わくばわたしのために、憂いと悩みのない境地をお説きください。わたしは、まさにその境地に往生したいのです。汚れと悪に満ちたこの世界にはもういたくはありません。この世界には地獄・餓鬼・畜生が満ちあふれ、悪人が数多くいます。わたしはこのあと、そんな悪人の発する声を聞きたくありません。

悪人を見たくはありません。わたしはいま、世尊に向かって五体投地し、懺悔をして哀れみを求めます。釈迦世尊よ、どうかわたしに清浄なる仏国土を観《み》させてください」――

これは、韋提希夫人《いだいけぶにん》（ヴァイデーヒー）の悲痛なる言葉です。韋提希夫人の子息の阿闍世《あじゃせ》（アジャータシャトル）は父親を餓死させようとし、母親を座敷牢に幽閉します。そんな悲惨な情況の中で、韋提希は釈迦に救いを求める。その言葉がこれです。

そして釈迦は、彼女に浄土を観想する方法を教えられました。その内容が『観無量寿経』です。観想というのは、心の中にお浄土を持つことです。

だが、ここで注意すべきことがあります。それは韋提希が、

「汚れと悪に満ちたこの世界にはもういたくはありません」

と、釈迦世尊に言っていることです。わたしたちの住んでいるこの世界を、仏教では、〝娑婆《しゃば》〟と呼びます。韋提希は、心の底からこの娑婆世界を忌避しているのです。

そのような韋提希に対して、釈迦はお浄土を観想しろと教えられたわけです。

ここが大事なところです。わたしに「死んだあと地獄へ行きたい」と言った女性には、娑婆を忌避する気持ちはありません。なぜなら、地獄は娑婆世界の一つです。天・人・修

羅・畜生・餓鬼・地獄の六道のすべてが、娑婆世界に属しています。そういう娑婆世界に執着している人間には、お浄土を説いても無駄です。

ともかく、この世界を嫌い抜いた人間に、はじめてお浄土が意味を持つのです。

現代日本人に欠けているのは、この現実世界を嫌い抜く心です。わたしはそう思います。

### ▼『往生要集』の地獄

『往生要集《おうじょうようしゅう》』という本があります。平安中期の天台僧の源信（九四二―一〇一七）が書いたものです。天・人・修羅・畜生・餓鬼・地獄の迷いの世界である六道を捨てて、極楽浄土に生まれることをすすめた書です。そして、

往生の業は念仏を本と為す。

と、源信は極楽往生のための念仏をすすめています。

ただし、源信がすすめる念仏は、観想の念仏です。「南無阿弥陀仏」と称える口称の念仏を源信は説かないわけではありませんが、彼は観想の念仏に優位を与えています。口称の念仏に優位を与えたのは、法然が最初になります。

それはともかく、『往生要集』の第一章は「厭離穢土《おんりえど》」、第二章は「欣求浄土《ごんぐじょうど》」と題されています。ここのところが重要です。わたしたちが「欣求浄土」（浄土に生まれることを願い求めること）をする前には、まず「厭離穢土」（汚れた世界を厭い離れるべきこと）がなければなりません。〝穢土〟というのは汚れた土地で、〝浄土〟の反対語です。穢土を忌避することによって、浄土への憧れが生じます。穢土（娑婆）を忌避せずして、浄土は意味を持ちません。源信はそのように言っているのです。

そこで源信は、なぜわれわれは娑婆世界を忌避せねばならないのか、その娑婆世界の様相を克明に描写しています。とくに娑婆世界の中でも最悪とされる地獄について、彼は詳しく説いています。キリスト教の世界において、ダンテ（一二六五―一三二一）の『神曲』が地獄の様相を克明に描いたのと同じく、源信によって仏教の地獄が詳細に描かれました。『往生要集』を読むと、とても「わたしは地獄に行きたい」とは言えませんね。

しかし、地獄だけが汚れた世界、苦しみの世界ではありません。娑婆世界において、最も楽しみの大きい世界である天界にしても、

天上より退かんと欲する時　心に大苦悩を生ず　地獄のもろもろの苦毒も　十六の一に及ばず

と、源信は、『正法念処経』の引用でもって、天人の死ぬときの苦しみが地獄の苦しみの十六倍になると論じています。もちろん人間世界も、「不浄」「苦」「無常」の世界であって、

人道かくの如し。実に厭離すべし。

と、源信は言っています。娑婆世界全体が苦の世界なのです。

### ▼親鸞の疑問

親鸞もまた現世を苦の世界と見ました。

……煩悩具足の凡夫、火宅無常の世界は、よろづのことみなもてそらごとたわごと、まことあることなきに、たゞ念仏のみぞまことにておはしますとこそ、おほせはさふらひしか。

――「……わたしたちは煩悩にまみれた凡夫であり、この世界は無常の火宅であって、すべてが嘘いつわり、真実はなに一つない。そのなかで、ただお念仏だけが真実である」と、〔親鸞聖人は〕言われたのであった――

これは『歎異抄』の「結文」にある言葉です。

親鸞は、この世を嘘いつわりの世と見ました。無常の火宅と見た。それはまちがいありません。では、彼はこの世を忌避したのでしょうか?

同じく『歎異抄』の第九段には、次のような文章があります。

念仏まふしさふらへども、踊躍歓喜のこゝろおろそかにさふらふこと、またいそぎ浄土へまひりたきこゝろのさふらはぬは、いかにとさふらうべきことにてさふらうやらんと、まふしいれてさふらひしかば、親鸞もこの不審ありつるに、唯円房《ゆいえんぼう》おなじこゝろにてありけり。

――念仏は称えているのですが、天に踊り地に舞うほどの喜びが涌《わ》きでてきません。それに、急いでお浄土へ往きたい気もしないのですが、これはどう考えればよいので

しょうか、と問い尋ねましたところ、

「親鸞にだってそれは疑問であったが、唯円房、あなたも同じ疑問を持っていたんだね」

と答えてくださいました――

唯円房というのは、親鸞の弟子です。そして『歎異抄』の著者とされています。

唯円房は、お念仏をして極楽浄土へ往生できるのであれば、われわれは一刻も早くお浄土に往きたくなるはずだ、と考えています。ところが、彼は急いでお浄土へ往きたいと願う気がない。これはどうしてか？　唯円房は親鸞に尋ねたのです。つまり、この娑婆世界が穢土であれば、われわれはその穢土をできるだけ早く去りたいはずだ。にもかかわらず、わたしにはこの娑婆世界を速やかに離れたい気がない。これはどうしたことか？　唯円房は師にそのような質問をしたのです。

それに対して親鸞は、

「わたしも同じ疑問を持っている」

と告白しています。親鸞もまた、急いでお浄土に往きたい気はないのです。

そして親鸞は、こう語っています。

よく〳〵案じみれば、天におどり地におどるほどによろこぶべきことを、よろこばぬにて、いよ〳〵往生は一定とおもひたまふべきなり。よろこぶべきこゝろをおさへて、よろこばせざるは煩悩の所為《しょい》なり。

——よくよく考えてみれば、天に踊り地に舞うほど喜ぶべきことを喜べないからこそ、むしろ往生が確定されていると考えるべきではなかろうか。喜びを抑えて喜ばせぬようにしているのは、煩悩のせいなのだ——

論理的、あるいは理性的に考えてみれば、お浄土に往けるのは喜ぶべきことです。ところが、その喜ぶべきことを、感情的には喜べない。それを親鸞は、

——煩悩のせい——

だとしています。煩悩というのは、物事をあるがままに見れないことです。

そして仏は、その煩悩を持ったわれわれ凡夫（煩悩具足《ぐそく》の凡夫）を救ってやろうとする願をたてておられるのだから、煩悩のあることによって極楽往生ができることが確実になるのだ。親鸞はそう言っています。

したがって、急いでお浄土へ参りたい心がなくていいのです。

……なごりおしくおもへども、娑婆の縁つきて、ちからなくしておはるときに、かの土へはまひるべきなり。いそぎまひりたきこゝろなきものを、ことにあはれみたまふなり。

――……いくらなごりおしいと思っても、この娑婆の縁が尽きて、静かに生命の火の消えるときには、お浄土に往けるのだよ。それに仏は、急いでお浄土に往きたいと思わぬ凡夫をことさらに心配してくださっているのだからね――

親鸞はそう語っています。われわれは、急いでお浄土へ往きたいと思う必要はありません。娑婆の縁が尽きたとき、お浄土に往けるのです。阿弥陀仏におまかせしておけばよいのです。

# 5

# 念仏か、信心か

▼お念仏は数多く称えねばならないか？

浄土宗では、開祖の法然を〝元祖〟と呼びます。その元祖が、次のように語っています。

現世をすぐべき様は、念仏の申されん様にすぐべし。念仏のさまたげになりぬべくば、なになりともよろづをいとひすてゝ、これをとゞむべし。いはく、ひじりで申されずば、めをまうけて申すべし。妻をまうけて申されずば、ひじりにて申すべし。住所にて申されずば、流行して申すべし。流行して申されずば、家にゐて申すべし。自分の衣食にて申されずば、他人にたすけられて申すべし。他人にたすけられ申されずば、自力の衣食にて申すべし。一人して申されずば、同朋とともに申すべし。共行して申されずば、一人籠居して申すべし。衣食住の三は、念仏の助業也。(『禅勝房伝説の詞』)

——現世の暮し方は、念仏ができるように生きたらいい。念仏の妨げになることはやめたほうがいい。すなわち、聖《ひじり》で念仏しにくいのであれば、妻帯すればいいし、妻帯して念仏できないのであれば、聖になればよい。家に住んでいて念仏できないのであれば、遊行者になればいい。遊行で念仏できないのであれば、家に住めばいい。自活で念仏できないのであれば、他人の世話になればいいし、他人の世話になりながら念仏できないのであれば、自分で生活費を稼いで念仏すればよい。一人で念仏できないのであれば、仲間と一緒に念仏すればいい。皆と一緒では念仏できないのであれば、独り閉じ籠もって念仏すればよい。衣食住の三つは、みな念仏を助けるものだ——

法然は、この世の暮らし方について、わたしたちにアドヴァイス(助言)を与えてくれます。それは、

——念仏ができるように生きたらよい——

というものです。つまり「念仏為本」の立場です。

このように言えば、一日に何千回も、何万回もお念仏を称えよ、と法然が命じているように思われそうです。たしかに法然自身は、数多くの念仏を称えました。京都に百万遍という地名がありますが、あれは法然が百万遍念仏を称えたことに因んだものです。

しかし、法然の真意は、必ずしも数多くの念仏を称えねばならない、というものではありません。のちに法然の弟子たちのあいだで、前述したように、

——一念義か？　多念義か？——

といった意見の対立が生じています。一念義というのは、たった一回のお念仏でいいという考え方です。それに対して、数多くの念仏を称えるべきだというのが、多念義です。前にも言いましたが、「南無阿弥陀仏」というのは「阿弥陀仏よ、あなたにすべてをおまかせします」という意味ですから、たった一回でよいというのももっともな考え方です。しかし、「南無阿弥陀仏」には、「阿弥陀仏よ、救っていただいてありがとうございます」といった感謝の意もあります。そうすると多念義も成り立ちます。

その点では法然は、

一念十念にて往生すといへはとて、念仏を疎相に申せは、信か行をさまたくる也。

念々不捨といへはとて、一念十念を不定におもへは、行か信をさまたくる也。かるかゆへに信をは一念にむまるととりて、行をは一形にはけむべし。(『禅勝房にしめす詞』)

——一念十念によって往生できるといっても、念仏を疎雑に称えれば、信が行を妨げることになる。一瞬たりとも忘れることがないといっても、一念十念をあてにならないものと思えば、行が信を妨げることになる。それ故、一念にて往生できると信じて、行としては一生涯のあいだ励むべきである——

と言っています。一念義か? 多念義か? なかなかむずかしい問題ですね。

▼お念仏は呪文ではない

さて、法然は、念仏することの大事さを強調します。そしてわたしたちは、法然にすすめられて念仏します。その結果、それは一種の習慣になってしまいます。知らず知らずのうちにお念仏を称えているのです。そこに危険があります。

わたしたちは、お念仏を呪文にしてしまいかねないのです。

恥ずかしいことですが、正直に告白します。昔、わたしは、眠れない夜、「南無阿弥陀仏」のお念仏を何遍も何遍も称えたことがあります。そうするといつのまにか眠っており、次の夜も、その次の夜もお念仏を称えたことがあります。

しばらくして、わたしはお念仏を睡眠薬代わりに使っていることに気づき、それをやめました。

あたりまえの話ですが、お念仏は睡眠導入剤ではありません。

お念仏を称えることによって、この世の苦しみが軽減されるわけではありません。

また、お念仏を称えれば、その人の人格が高潔になるわけでありません。

わたしたちはついつい、お念仏を称えている人を立派な人格者と思ってしまいますが、それはとんでもない誤解です。

2章において、わたしは、未来について人間には権利がない。だから仏におまかせする、南無するのだと話しました。その意味では、「南無阿弥陀仏」の念仏は、「阿弥陀仏よ、未来はおまかせします」になります。けれども、勘違いしないでください。おまかせした結果、阿弥陀仏からいかなる救いが与えられるかといえば、それは死んだあと極楽浄土に往生させてもらえるのです。すなわち死んだあとの救いです。

生きているあいだに救いが与えられるわけではありません。

「南無阿弥陀仏」のお念仏は、現世においては何の効き目もありません。

この現世は、苦しみの世界です。わたしたちは、現世においては苦しむよりほかありません。いくら「南無阿弥陀仏」を称えても、現世における苦しみが軽減されるわけではない。苦しみがなくなるのは、極楽世界に往ったあとです。現世においては、われわれは苦しみに苦しみ、悩みに悩んで生きるよりほかありません。

だとすると「南無阿弥陀仏」のお念仏は、

——阿弥陀仏よ、この世においては、わたしたちは苦しんで生きるほかないのですね。それ故、この世ではわたしは苦しんで生きます。そして、来世のことは阿弥陀仏におまかせします——

といった決意表明になります。わたしはそのように解釈しています。

お念仏は、この世の苦しみ・悩みを軽減させる呪文ではない。そのことをしっかりと認識してください。

▼「まはさてあらん」

法然の優秀な弟子である親鸞も、この点に関しては最初は錯覚をしていました。このことは、親鸞の妻の恵信尼が書いた手紙——(「恵信尼消息」と呼ばれています。弘長三年

〔一二六三〕二月十日消息〕――に詳細が語られていますので、それによって出来事を紹介します。

＊

建保二年（一二一四）に、親鸞と恵信尼、娘と息子の四人は、「武蔵の国やらん、上野《こうずけ》の国やら」という所にいました。研究者によると、現在の群馬県邑楽《おうら》郡明和町大佐貫だとされています。親鸞は越後に流罪になったのですが、赦免になって関東に移住する途中の出来事です。

この佐貫の土地で、親鸞は浄土三部経を千部読誦しようとします。動機は、旱天か水害か、あるいは飢饉、疫病の流行に苦しむ農民の姿を見て、なんとかしてやろうとしたのです。そのための祈禱でした。

だが、四、五日して、彼はそれを中断しました。その理由は、

〈自分は阿弥陀仏の救済力だけを信じている人間ではないか⁉　阿弥陀仏の救済力だけに頼るという、絶対他力を標榜している人間だ。そのわたしが、経典読誦という自力の行をやっている。おかしいではないか⁉〉

と考えたからです。ここでは経典読誦という行になっていますが、これをお念仏を称えるという行としてもよいと思います。そのような「行」によって、農民たちの苦しみを軽

滅させようと考えていることが、阿弥陀仏の救いと矛盾することに親鸞は気づいたのです。そのために「行」をやめました。

しかし、この話はこれだけでは終わりません。それから十七年後、寛喜三年（一二三一）四月のことです。親鸞は風邪のため病床にありました。からだは火のように熱く、頭痛もひどかったようです。

そのとき親鸞は、

「苦しきに、まはさてあらん」

と言います。「苦しいことは苦しい。しかし、人間はその苦しみを苦しまねばならないんだ」といった意味だと思います。

そこで看病していた恵信尼が尋ねます。

「どうされたのですか？　うわごとを申されたのですか？」

それに対して親鸞は次のように答えています。

「いいや、うわごとではない。病いの床に就いて二日目から、わたしはずっと休みなく『大無量寿経』を読誦していた。眼を閉じると経の文字が一字も残らず、まぶしいほど、ありありと見える。さて、これはどうしたことだろう。念仏の信心よりほかに、いったい何が心に引っかかっているのだろうか。そう思ってよくよく考えてみたら、いまから十七、

八年も昔、衆生利益《りやく》のためということで、もっともらしく浄土三部経の千部読誦を始めたことがあった。あのときは、

〈いったいこれは何事か⁉　自分は、

――自信教人信、難中転更難（自分が信じ、また人をして信じさせることは、至難であるうちでも至難のことである。善導の『往生礼讃』にある言葉）――

といって、専修念仏の教えをみずから信じ、また人にも教えて信じさせることが、真に仏恩に報いることだと信じており、名号を称えるほかに何事もないと思いながら、どういう理由があって経典読誦をしているのか⁉〉

と思い直して、経典読誦を中断した。しかし、それでもまだ経典を読誦しようという気持ちが少し残っていたのだろう。人間の執着の心、自力の心はよくよく考えなければならぬ。そう考えて、病床にあって経典を読誦することをやめた。そして自分は、

『まはさてあらん』

と言ったのだ」

そのあと親鸞は、流れるほど汗をかいて全快しました。

以上が恵信尼の手紙の内容です。

▼「いけらば念仏の功つもり」

親鸞は、「南無阿弥陀仏」、すなわち「阿弥陀仏よ、あなたにすべてをおまかせします」と称えながらも、すべてをまかせきることのできない人間の弱さに気づいたのです。現世は苦しみの世界であると知りながら、その苦しみを少しでも軽減したいと考えてしまいます。それが「弱さ」なんです。

そして、わたしたちはみな、この「弱さ」を持っています。娘が、息子が、自殺をした。親として、苦しくてならない。なんとかしてこの苦しみから逃れられないだろうか。われわれはそう考えてしまいます。

だが、じつは、法然にはこの「弱さ」はありません。

なぜなら法然は、現世を捨てているからです。

まづこの娑婆世界をいとひすてゝ、いそぎてかの極楽浄土にむまれて、かの国にして仏道を行ずる。(『往生大要抄』)

法然はそう言っています。彼は完全に「厭離穢土」をしています。

では、わたしたちは、何のためにこの娑婆世界に生きているのか？　捨ててしまったのであれば、さっさとこの世を去ればよいではないか⁉　そういう疑問が出てきます。それに対して、法然はこう答えています。

いけらば念仏の功つもり、しなば浄土へまいりなん。とてもかくても、この身にはおもひわづらふ事ぞなきと思ぬれば、死生ともにわづらひなし。（『法然上人行状絵図』第二十一）

これはちょっと訳しにくい言葉ですね。「いけらば念仏の功つもり」を、「生きているあいだは一生懸命念仏の功徳を積む」と訳すのは誤訳です。そう訳すと、まるでわれわれは念仏の功徳を積むために生きていることになります。そして、そのためには数多くの念仏を称えねばならない。それを目的に生きていることになります。そうすると、この現世に価値が生じることになる。大きなまちがいです。

じつは、「念仏の功」というのは、

――マイナスのエネルギー――

なんですよ。念仏をしていると、ごく自然に現世を厭《いと》う気持ちが大きくなります。それがマイナス・エネルギーの蓄積です。そして、そのごく自然に積もった念仏の功（マイナス・エネルギー）によって、われわれは死後、極楽世界に往生させてもらえます。そう考えると、われわれに心労はありません。思いわずらうことがない。のんびり・ゆったりと生きることができます。法然はそのように言っているのです。

### ▼臨終業成か、平生業成か

法然はそれ故、この世の生き方は念仏ができるように生きたらよい、と言っています。しかし親鸞は、そうは考えられなかった。法然は完全に現世を捨てているのですが、親鸞は完全には捨てられません。

また浄土へいそぎまひりたきこゝろのなくて、いさゝか所労のこともあれば、死なんずるやらんとこゝろぼそくおぼゆることも、煩悩の所為《しょい》なり。久遠劫《くおんごう》よりいまゝで流転せる苦悩の旧里《くり》はすてがたく、いまだむまれざる安養浄土はこひしからずさふらふこと、まことによく〳〵煩悩の興盛《ごうじょう》にさふらうにこそ。（『歎異抄』第九段）

――また、お浄土に急いで参りたい心がなく、ちょっとした病気にでもなれば、死にはせぬかと心細くなるのも、それも煩悩のためである。

はるけき時間の彼方《かなた》から現在まで流転輪廻《るてんりんね》して生きてきたこの苦しみの世界は捨てにくく、まだ見たことのない極楽浄土は恋しくないということは、ほんとうによくよく煩悩が強いのだね――

親鸞はそう述懐しています。彼は、自分のうちにある現世への執着を煩悩と見ているのです。

この法然と親鸞の差は、親鸞が妻帯していたことにあると思います。法然は、出家者として一生を終わりました。出家者というのは、現世を捨てた人です。世俗における成功、名声、栄達をすべて捨てています。しかし、現在の僧侶はダメですよ。彼らは出家者ではありません。家に住み、妻子を持ち、所得税を払っています。彼らは現世に執着しています。

それはともかく、親鸞は、どうしても完全に現世を捨てられない自分を自覚しました。そこで彼は、

――阿弥陀仏を信じて生きる生き方――

を考えました。ある意味では、これは現世の復権になります。阿弥陀仏は、「南無阿弥陀仏」と称えた者を必ず極楽世界に迎えとってくださると信じて、心の中にお浄土を持って生きるのです。この考え方を、

――平生業成《へいぜいごうじょう》――

といいます。いままでは不安いっぱいの生活であったが、往生極楽ができると信じられた瞬間、すべてを阿弥陀仏におまかせして安心して生活できる。そういう考え方です。それに対して法然の考え方は、

――臨終業成――

になります。死の瞬間、すなわち臨終において、われわれは阿弥陀仏に救っていただけるという考え方です。

### ▼念仏為本か、信心為本か

この「平生業成」のことを、親鸞は『歎異抄』（第一段）において、次のように語っています。

弥陀の誓願不思議にたすけられまひらせて往生をばとぐるなりと信じて、念仏まふ

さんとおもひたつこゝろのおこるとき、すなはち摂取不捨《せっしゅふしゃ》の利益にあづけしめたまふなり。

――阿弥陀仏の誓願の不思議な力にたすけられて、わたしのような凡夫でも必ず往生できるのだと信じて、お念仏を称えようと思う心が起きたその瞬間、わたしたちはもれなく阿弥陀仏のお浄土に救いとられているのである――

これは、お念仏を称えたら救われるのではありません。お念仏を称えようと思ったその瞬間、われわれはお浄土に救いとられているのです。親鸞の言う〝すなはち〟を、わたしは「その瞬間」と訳しました。

だとすると、わたしたちは念仏を称えられません。「南無阿弥陀仏」――阿弥陀仏よ、わたしを救ってください――といった救助信号を発しようとした瞬間、もうすでにわたしは救われているのですから。

だから、親鸞において大事なのは、「念仏」ではなしに「信心」になります。それ故、法然において「念仏為本」とされていたのが、親鸞においては「信心為本」となります。

では、親鸞の教えだと、まったく念仏を称えなくてよいのでしょうか?

そんなことはありません。親鸞を開祖とする浄土真宗においても、念仏は称えられています。

しかし、その念仏の意味が違うのです。

法然における「南無阿弥陀仏」は、「阿弥陀仏よ、すべてをおまかせします。どうかわたしを救ってください」の救助信号になります。

だが、親鸞における「南無阿弥陀仏」は、「阿弥陀仏よ、わたしを救ってくださってありがとうございます」の感謝の念仏になります。

親鸞におきては、たゞ念仏して弥陀にたすけられまひらすべしと、よきひとのおほせをかふりて信じるほかに、別の子細なきなり。(『歎異抄』第二段)

そう親鸞は断言しています。ここで〝よきひと〟というのは法然です。彼は、ただ法然から教わったことを信じているだけだ、と言っています。また、続けて、

……たとひ法然聖人にすかされまひらせて、念仏して地獄におちたりとも、さらに後悔すべからずさふらう。(同上)

と言っています。法然上人に騙されて地獄に落ちるはめになっても、わたしは後悔しないと言うのです。

だが、親鸞は法然のエピゴーネン（模倣者）ではありません。二人の考え方は少し違っています。その違っているところが、わたしにはそれぞれの魅力になります。どちらがすぐれているというのではなしに、どちらもがすばらしいと思います。

▼信じるということ

もう少し「信心」について考えてみます。

わたしはいま、法然の「念仏為本」と、親鸞の「信心為本」を対比させて論じました。けれども、だからといって法然が「信心なんて要らない」と言ったのではありません。すでに八九ページで引用したように、法然は、念仏（行）によって信心が深まり、信心によって念仏ができる、と考えています。そういう意味では、念仏（行）と信心は補完関係にあるのです。法然は決して信心を軽んじてはいません。

では、阿弥陀仏を信じるということは、どういうことでしょうか……？

じつは、〈わたしは阿弥陀仏を信じる〉という、その考え方がよくないのです。すなわち、ここに阿弥陀仏と釈迦仏、ゴッド、アッラー、がいて、さてどれを信じればいちばんわたしにとって利益が大きいかを考えて、阿弥陀仏を選んで信じる。そういう考え方はよくありません。それだと、わたしは美人コンクールの審査員になります。

審査員は、被審査員よりも偉いのです。わたしは、阿弥陀仏、釈迦仏、ゴッド、アッラー、よりも偉いのでしょうか。

そうではありません。つまり、わたしが阿弥陀仏を選んで、その仏を信じるのではないのです。

反対です。阿弥陀仏のほうからわたしを選んで、「あなたはわたしを信じなさい」と、信じるようにさせてくださっているのです。

そのことを親鸞は、

如来よりたまはりたる信心（『歎異抄』第六段）

と言っています。つまり、わたしが阿弥陀仏を信じるのではなしに、阿弥陀仏がわたしを信じさせてくださるのです。それが「信じる」ということの意味なのです。

日常的な意味での「信じる」であれば、「わたしはあの人を信じる」となり、そして

「あれだけ信じていたのに、わたしはあの人に裏切られた」となります。阿弥陀仏の信仰においては、そういう裏切りはありません。裏切りがあるのは、日常的な「信じる」です。そのことをしっかりと銘記しておいてください。

### ▼「信ぜよ、さらば救われん」

キリスト教では、

——信ぜよ、さらば救われん——

という言葉があります。じつは、この通りの言葉が『新約聖書』に出てくるわけではないのですが、キリスト教の考え方を端的に表現した言葉とされています。

しかし、この言葉を、多くの日本人は誤解しています。日本人はこれを、

「神を信じなさい。そうすると神は救いを与えてくれますよ」

と解します。そうすると神は、まるで自動販売機になってしまいます。自動販売機は、お金（信心）を投入しなさい、すると商品（救い）が出てきますよ、というものです。この場合、お金＝信心を投入するか否かは、人間の自由です。そして、人間がお金＝信心を投入すれば、自動販売機である神は商品＝救いを出さざるを得ません。つまり、神は人間の意のままになるのです。まるで、

「俺は信じてやるぞ。だからおまえは俺を救え！」

と、神に命令していることになります。そういう神って、あるでしょうか⁉

では、どう考えればよいのでしょうか……？

じつは、救われる人間は、必ず神を信じられるように、神によってつくられているのです。だから、信じたら救われるのです。

逆に、救われない人間は、その人がいかに努力して神を信じようとしても、神を信じられないようにつくられています。だから、その人は滅びにいたるのです。

日本人はよく、「俺は無神論者だ。神なんて信じるものか‼」と言いますが、神を信じている人からすれば、

「ああ、あなたは気の毒な人ですね。あなたは神を信じられないようにつくられています。つまり、神はあなたを滅びに予定しておられるのです。本当に気の毒な人ですね」

ということになります。

これがキリスト教の論理です。キリスト教では、これを「予定説」（predestination）といいます。

親鸞の《如来よりたまはりたる信心》には、キリスト教の「予定説」との相似が見られます。けれども、まったく同じではありません。だって阿弥陀仏は、キリスト教の神とは

違って、滅びを予定しておられるわけではありません。できれば、すべての人を救いたいのです。

しかし、阿弥陀仏を信じるということは、阿弥陀仏を信じたら救われる——というのではありません。阿弥陀仏によって救われる人は、必ず阿弥陀仏を信じられるようになっている。だから、信じた者は救われるのです。そこをまちがえないでください。

では、阿弥陀仏を信じない人はどうなるのだ⁉　そういう疑問を起こされる人もおられます。

阿弥陀仏を信じない人は、たとえばお金によって救われると信じています。日本人に多い拝金教徒です。お金があれば幸せになれると信じて、ひたすら金儲けに走っている人を、阿弥陀仏のほうでは救ってやりたいと思っても、どうにもできませんよね。だから、その人が阿弥陀仏に救いを求めるまで待っているよりほかありません。わたしはそう思います。

# Ⅱ　厭離穢土

# 6

# 阿呆のすすめ

▼阿呆になれ！

おんぶお化けの話があります。何で知ったか忘れてしまいました。

川岸にいた老婆が、やって来た若者に、「おんぶして向こう岸に渡してほしい」と頼みます。その川には橋がなく、徒渡《かちわた》りせねばなりません。しかし、裾をからげることのできない女性は困ります。それで若者に頼んだのです。

「ああ、いいよ」

と若者は、気さくに老婆をおんぶして川を渡りました。そして向こう岸に着いて、老婆を降ろそうとします。だが老婆は降りません。降ろそうとすればするほど、ますますしがみついてきます。

で、このあとの話を忘れてしまいました。

考えられる話の展開は二つあります。

一つは、若者が老婆を振り降ろそうとすればするほど、ますます老婆にしがみつかれ、ついには老婆に呪い殺されたというストーリーです。（A）

もう一つは、〈お婆さんは軽いんだから、まあいいや……〉ということで、若者はお婆さんをおんぶしたまま行動し、しばらくして気がついたら、いつのまにか老婆がいなくなっていた、という展開。（B）

「あなたはどちらが好きですか?」と問えば、ほとんどの人が後者のBを選びます。わたしは、Bを選んだ人は「阿呆」だと思います。

それに対して、Aを選んだ人は「馬鹿」です。

馬鹿と阿呆はどう違いますか?

東京と大阪では、この二つの語の使われ方がだいぶ違います。わたしは大阪出身なもので、阿呆のほうがやさしく感じられます。大阪で「おまえは馬鹿だ!」と言えば喧嘩になります。阿呆のほうは、「うちの父ちゃん、阿呆やねん。そやけど、ええ人やで……」と使われます。しかし、東京出身の荊妻《けいさい》は、〝阿呆〟と言われるより〝馬鹿〟と言われたほうが、あまり抵抗はないようです。

だが、ここでは大阪弁でいきます。

馬鹿は、問題を解決しようとして四苦八苦し、結局は失敗に終わる人です。背中の老婆を降ろそうとして苦労し、結局は呪い殺されるのが馬鹿です。もちろん、問題解決に成功する賢い人もいます。が、それは数少なくて、たいていの人は失敗します。世の中にはたくさんの馬鹿がいます。

阿呆は、問題を解決しようとは思いません。〈そんなん、ぼくには解決なんてでけへんで。まあ、ええやんか……〉と、問題を抱えたまま生きていくのが阿呆です。

わたしは、馬鹿よりは阿呆のほうが好きです。

そこでわたしは、この章において、

――阿呆になれ！――

といったすすめをしようと思います。

## ▼阿呆の生き方

2章において、わたしは、新宗教への入信の動機として、「貧・病・争の三本柱」があると言いました（四一ページ参照）。貧困・病気・人間関係のトラブル（争）を問題として、その解決を仏教に求めるのです。

それがうまく解決できれば、賢い人です。けれどもたいていの人は失敗し、かえって問題をこじらせてしまいます。それが馬鹿なんです。

だいたいにおいて、貧乏から脱却できませんよ。世界的水準においては、日本円に換算してだいたい五十億円以上の資産を有している人が金持ちとされていますが、読者のあなたの収入のすべてを蓄積しても、ということは飲まず、食わずにいても、五十億円以上になるわけがないのです。だからあなたは金持ちにはなれません。

ならば、阿呆になるべきです。

あなたは貧乏なまま、人生を楽しく生きればよいのです。

あなたは、おいしいものを食べたいと思います。そうすると、お金が必要になります。そして金儲けのために、あくせく、がつがつ、いらいらとするようになります。ということは、おいしいものを食べたいと思う、それがまちがいです。

そうではなくて、おいしくものを食べようと願えばいいのです。

おいしいものを食べるのと、おいしくものを食べるのは、まったく違っています。おいしくものを食べるには、それほどお金は必要ではありません。貧乏なままでできることです。

病気になると、多くの人はその病気を治そうとします。けれども、病気は治るまでは治りません。治るまでのあいだは病人です。その病人を楽しく生きればよいのです。

人間関係のトラブルにしても、同じことです。たとえば嫁と姑のトラブルだって、絶対に解決できないのです。それを解決しようとするから、かえって問題がこじれるのです。解決しようとするのは、馬鹿のすることです。

阿呆になりなさい。問題は解決できないとあきらめて、その日その日をなんとかがまんして生きるのです。みんな苦しんでいるのですよ。〈わたしだけは苦しみたくない〉と思うから、つまりは問題を解決したいと思うから、馬鹿になるのです。馬鹿にならずに、阿呆になりなさい。問題を解決しようとしないで、そのまんまに生きるのです。それが阿呆の生き方です。

### ▼引き籠もり

引き籠もりの青年がいました。仏教講演会のとき、講師控室にいるわたしの所にやって来て、

「先生、ぼくはどうすればいいいんですか？」

と訴えます。彼は中学生のときに不登校になり、二十八歳のいままで引き籠もりでいま

す。

わたしは、その問いにこう答えました。

「きみね、せっかく引き籠もりになったのだろう。それなら、もうしばらく引き籠もりのままでいたら……」

わたしのその言葉に、彼はにこっと笑いました。思いもかけない言葉だったからでしょう。

しかし、その返答はまちがいではありません。「きみね、引き籠もりはよくないことだから、いますぐやめなさい」とわたしが言えば、彼はすぐに引き籠もりをやめられますか。そんなことはありません。もちろん、引き籠もりをうまく解決した賢い人はいますよ。でも、そんな賢い人はごくごく少数です。多くの人は引き籠もりを解決しようとして、かえって問題をこじらせてしまいます。なかには自殺した人もいます。それは馬鹿のすることです。

こんな話を聞いたことがあります。

その青年も中学生のときから不登校になり、最初は親が暴力的に息子を学校に連れて行きました。「しかしいまでは、もうわたしのほうがぶん殴られる始末です」と、親はそんな告白をしました。

二十歳を過ぎたころから、息子は暴力を振るうようになり、夜中に家の窓ガラスを割って奇声を発したりします。家の中は惨憺《さんたん》たるありさまでした。まるで地獄です。

「そこで、わたしたち夫婦が話し合ったのです。そして、

〈息子が引き籠もりであれば、引き籠もりのままでいいや。無理に外に出る必要はない〉

と、二人は吹っ切れたのです。そのとたん、息子は変わりました。もちろん、引き籠もりをやめたのではありません。しかし、息子はやさしくなりました。ときには、

『お母さん、手伝おうか』

と言ってくれるようになりました」

そのように、わたしに、父親が語ってくれました。

親が、引き籠もりは悪いことだ——といった物差しでものを見ているとき、その物差しで親も苦しみ、息子も苦しんでいるのです。しかし、親がそのような物差しを捨てたとき、引き籠もりなら引き籠もりでいいやと考えたとき、親も息子も楽になるのです。

わたしはそのような話を聞いていたので、引き籠もりの青年に、

「もうしばらく引き籠もりを続けなさい」

と忠告したのです。

▼「南無そのまんま、そのまんま」

この物差しの問題は重要です。あとで詳しく述べますが、二つの物差しがあります。

——「仏の物差し」と「世間の物差し」——

です。引き籠もりは悪いことだ。引き籠もりをやめねばならない。それが世間の物差しです。それに対して仏の物差しは、

——なんだっていい——

というものです。引き籠もりであってもいい。金持ちでもいいし、貧乏でもいい。健康でもいいし、病気でもいい。それが仏の物差しです。しかし、これだけを言えばちょっと誤解されそうですが、あとで解説することにします。

そして、馬鹿は世間の物差しに従って問題を解決しようとします。ところが阿呆は、仏の物差しに従って、問題を解決しようとしないのです。わたしは、そのことを青年に教えるために、こう言いました。

「きみね、引き籠もりを続けていると、きっと苦しくなることがある。そんなときは、『南無そのまんま、そのまんま』を三度、唱えるとよいよ」

もちろん、浄土宗・浄土真宗の人であれば、「南無阿弥陀仏」を、

日蓮宗の人は、「南無妙法蓮華経」を、

曹洞宗の人は、「南無釈迦牟尼《むに》仏」を、

真言宗の人であれば、「南無大日如来」を唱えてください。しかし、わたしはその青年が何宗かは知りませんから、「南無そのまんま、そのまんま」を唱えるように教えました。「南無阿弥陀仏」や「南無妙法蓮華経」の意味は、「南無そのまんま、そのまんま」ということです。

つまり、念仏や題目の意味は、

——あなたはそのまんまであっていいんだよ——

ということです。引き籠もりの青年には、世間の物差しによると、「あなたは引き籠もりをやめるべきだ」と言うでしょうが、仏の物差しによると、「あなたは引き籠もりのままでいいんだよ」となります。金持ちは金持ちのまま、貧乏人は貧乏なままでいいんです。健康な人は健康でいいし、病人は病人のままでいいのです。貧乏人は貧乏なまま、楽しく生きればよいのです。貧乏イコール不幸ではありません。貧乏であっても、楽しく生きている人は大勢います。いや、昔の人は、貧乏であっても楽しく生きていました。だいたいにおいて江戸時代の庶民は、一日四時間ぐらいしか働かなかったそうです。歴史家はそう

言っています。むしろ貧乏人のほうが楽しい人生を送れそうですね。おしなべて豊かになった現代日本人を見ていて、そう思います。

### ▼愚痴にかえる

わたしは「阿呆のすすめ」を書いていますが、この点については法然がこう言っています。

聖道門の修行は智恵をきはめて生死をはなれ、浄土門の修行は愚痴にかへりて極楽にむまると心得べし。(『法然上人行状絵図』第四十五)

聖道門というのはオーソドックス(正統派)の仏教で、自力の仏教です。自力の仏教においては、智慧を磨くことが大事です。しかし、浄土の教えにおいては、

――愚痴にかえる――

ことが大事だと法然は言っています。

この〝かえる(還る)〟という言葉が意味深長です。もともと人間は愚痴なんです。しかし、娑婆で生きているうちに、いつのまにか世間の知恵が身についてきます。つまり賢

くなるのです。そして、世間の物差しに従って考えるようになる。そのような世間の知恵・世間の物差しを捨ててしまって、人間本来の愚者になる。それを法然は《愚痴にかへる》と表現しました。わたしはそのように思います。

また、『末燈鈔』には、

浄土宗のひとは愚者になりて往生す。

といった法然の言葉が記されています。『末燈鈔』は、法然の弟子の親鸞の書簡を集めたものですが、重信御房宛ての書簡の中で、法然から承った言葉として親鸞が書いているのです。ここで言われている「愚者」も、世間の知恵・世間の物差しを知らない人を指すと思われます。

また、法然が死の二日前に書いた『一枚起請文』の中でも、彼は次のように述べています。

……念仏を信ぜん人は、たとひ一代の法をよくよく学すとも、一文不知の愚鈍《ぐどん》の身になして、尼入道《あまにゅうどう》の無智のともがらに同《おなじ》うして、智者のふるまひをせずして、ただ一向に念仏すべし。

――念仏を信ずる人は、かりに釈迦世尊が生涯をかけてお説きになった教えをよくよく学んでいても、学問のひとかけらもない愚か者の立場に自分を置いて、尼や入道のような学問のない人々の立場に立って、智者の振舞いをすることなく、ただひたすらに念仏すべし――

法然は「愚者になれ!」と言っています。しかしこれは、「馬鹿になれ!」というのではありません。そうではなくて、世間の物差しを捨てて、問題を解決しようとしないで、仏の物差しに生きる「阿呆になれ!」と彼はすすめているのです。わたしはそう思います。

▼「そのまんま」と「このまんま」

建永二年(一二〇七)、法然は政治権力の弾圧を受けて、四国に流罪になりました。法然を乗せた船は、京の鳥羽の南門より出発して、途中で播磨《はりま》国の室《むろ》の泊《とまり》(兵庫県たつの市御津町)に着きます。

船が着岸する直前、小船が近づいて来ます。遊女を乗せた船です。

そして遊女が法然に言いました。以下、『法然上人行状絵図』（第三十四）より、現代語訳でもって紹介します。

「法然上人の船と聞いて、やってまいりました。人間の渡世の道はいろいろありますが、わたくしはどういう罪があるのでしょうか、このように苦界に身を沈めることになりました。この罪業深い身のわたくし、いかにすれば後世が助かるでしょうか」

それに対する法然の返事はこうでした。

「たしかにそのような渡世は、罪の軽いものではありません。その報いは想像できないほど大きいでしょう。もしもほかに生計の道があれば、すぐさま転業しなさい。しかし、ほかに生計の道がなく、この身はどうなろうとかまいはしないという求道心もないのであれば、そのままひたすらお念仏を称えなさい。阿弥陀仏はあなたのような罪人を救うために誓願をたてられたのです。深く阿弥陀仏の本願をたのんで、自分を卑下してはいけません。本願をたのんで念仏すれば、往生は疑いないのです」

わたしは、この言葉のうちに、法然の考え方が端的に表明されていると思います。まず遊女は、「わたしはこのまんまでいいんでしょうか？」と尋ねています。このまんま遊女を続けてよいのか？　といった問いです。

それに対して法然は、「このまんまではいけない。ほかに生計の道があれば、すぐさま転業しなさい」と答えました。ここのところを多くの人が見落としているのですが、法然は、

――「このまんま」ではいけない――

と言っているのです。そしてそのあとで、「そのまんまひたすらお念仏を称えなさい」と言っています。

「そのまんま」と「このまんま」の違い、お分かりになりますか？

「このまんま」というのは、世間の物差しにもとづいています。世間の物差しというのは、たとえば法律がそれです。詐欺師が、「わたしはこのまんま詐欺師であっても、法律的に許されるでしょうか？」と尋ねるなら、いかなる宗教者も「法律的にはよくない」と答えるでしょう。遊女が、世間の物差しでもって遊女のままでよいかと問えば、法然が「よからず」と答えるのは当然です。

その上で、法然は、遊女に阿弥陀仏の物差しを教えました。それが「そのまんま」です。

あなたは遊女のままでいていいんだよ。阿弥陀仏は、きっとあなたを救ってくださるからね。法然はそう教えたのです。

――「このまんま」ではよくない。しかし、「そのまんま」でいいんだよ――

それが法然の言っていることです。

## ▼阿弥陀仏の暖かい眼差し

第Ⅱ部では、わたしたちは、浄土の教えをどう日常生活の中で活かせばいいかを学ぼうと思います。しかし、その場合、注意してほしいのは、いま述べた「そのまんま」と「このまんま」の違いです。阿弥陀仏は、阿弥陀仏の物差しでもって、あなたは「そのまんま」でいいんだと言っておられますが、それを世間の物差しでもって、あなたは「このまんま」でいいと言っておられると勘違いしないでください。

これは次章で検討しますが、阿弥陀仏は悪人に対して、「そのまんま」でいいんだよと言っておられます。すると必ずといってよいほど、

「では、人殺しをしてもいいのですか⁉」

と反問されます。そのような反問は、阿弥陀仏が世間の物差しに従って発言しておられると勘違いしているのです。

だからわたしは、そういう反問に対しては、

「ああ、いいですよ。人殺しをしてもいいのですよ。だが、人殺しをすれば、世間の物差し、すなわち法律によって罰せられます。その覚悟はしておいてください。世間の物差しによっては罰せられますが、阿弥陀仏は悪人を罰することはされません。阿弥陀仏は仏の物差しによって、殺人者を赦されます。その物差しの違いを忘れないでください」

と答えることにしています。

ともあれ、わたしたちはみんな悪人であっていい。貧乏人であっていい。劣等生であっていい。怠け者であっていい。出来損ないであっていいのです。つまり、なんだっていいのです。阿弥陀仏はそう言っておられます。だから、出来損ないのわたしたちも、堂々と胸をはって生きましょう。世間からは白眼視されているわたしたちですが、阿弥陀仏だけはわたしたちに暖かい眼差しをそそいでくださっています。その暖かい眼差しを信じて生きましょう。それが心の中にお浄土を持つことなんだと思います。

# 7

# 善人 vs. 悪人

## ▼悪人正機説

『歎異抄』の中で語られている、最も有名な親鸞の言葉は、

善人なをもて往生をとぐ、いはんや悪人をや。（第三段）

でしょう。「善人が往生できるのなら、悪人が往生できるのはあたりまえなんだ」と、親鸞は言っています。普通は、その反対の「悪人が往生できるのであれば、善人が往生できるのはあたりまえ」となりますね。だからこれは宗教的パラドックス（逆説）だとされ

ています。

前章でも指摘しましたが、じつはこれは物差しの問題なんです。世間の物差しによるか、仏の物差しによるかによって、考え方が違ってきます。世間の物差しによると、「悪人が救われるのであれば、当然、善人は救われる」になります。しかし仏の物差しによると、「阿弥陀仏は、悪人のほうをまず第一に救われる」となります。われわれはこの章において、そこのところをもう一度、突き詰めて考えることにしますが、その前に、この言葉――善人なをもて往生をとぐ、いはんや悪人をや――は、ひょっとすれば法然の言葉かもしれません。そのことを最初に述べておきます。

この「善人なをもて往生をとぐ、いはんや悪人をや」を、「悪人正機説」といいます。悪人こそまさしく阿弥陀仏の本願に救われる対象である――というのが悪人正機説ですが、われわれはこれを親鸞の説と教わってきました。しかし、早くから増谷文雄が、これは親鸞が法然より教わった言葉を語ったものだと指摘していました。そして最近は、『醍醐《だいご》本法然上人伝記』にある、

善人なお以て往生す、況《いわん》や悪人をやのこと　口伝これ有り。（『三心料簡および御法語』原漢文）

によって、これは法然の言葉を親鸞が、『歎異抄』の作者である唯円に語ったものだとされています。
だが、そうすると、別のところで法然が語っている言葉と矛盾します。すなわち法然は、

罪ハ十悪五逆ノモノムマルト信シテ、少罪オモオカサシトオモフヘシ。罪人ナホムマル、イハムヤ善人オヤ。(『黒田の聖人へつかはす御文』)

——罪については、十善戒を犯した者も五逆の罪をつくった者も極楽に往生できると信じて、小さな罪もつくるまいとすべきである。罪人だって往生できるのだから、ましてや善人は往生できるのだ——

と述べています。つまり法然は、
《善人なお以て往生す、況や悪人をや》
《罪人ナホムマル、イハムヤ善人オヤ》
と語っているわけです。いったいどちらが法然の真意なのでしょうか?

### ▼デタラメの救い

じつは法然は、阿弥陀仏は念仏を称えた者を漏れなく救われる——と考えています。一人の例外もなく救われるのだから、善人／悪人の区別は問題ではないのです。したがって、「善人が救われるのであれば、悪人が救われるのは当然」と言ってもよいし、「悪人が救われるのであれば、善人が救われるのはあたりまえ」と言ってもよいのです。

もちろん、これは仏の物差しにもとづいています。世間の物差しであれば、

——善人優先——

になります。仏は最初に善人を救われ、お慈悲でもって悪人をも救われる。それが世間の物差しです。しかし法然は、そんな世間の物差しによっているのではありません。法然が《罪人ナホムマル、イハムヤ善人オヤ》と言っているのを、「善人優先」と受け取ってはいけません。法然は、あくまでも仏の物差しにもとづいています。

ところが親鸞の解釈は違います。彼は法然から、《善人なをもて往生をとぐ、いはんや悪人をや》と教わりましたが、親鸞の解釈によると、これは「悪人優先」なのです。阿弥陀仏はすべての人を救われますが、まず悪人を先に救われる。親鸞はそう考えました。譬喩的にいえば、こうなります。

太平洋のど真ん中で百人が溺れています。救済に駆け付けた阿弥陀仏は、もちろん全員を救われますが、その場合、阿弥陀仏は、

——デタラメ——

に救われるというのが法然の考え方です。その人が善人であるか／悪人であるか、阿弥陀仏はいっさい考慮されません。

それに対して親鸞は、阿弥陀仏は悪人を優先的に救われると考えました。この場合、悪人というのは泳ぎのできない人です。もちろん、太平洋のど真ん中ですから、どこかの島まで泳げる人は一人もいません。みんな阿弥陀仏に助けていただくよりほかないのですが、立ち泳ぎをしてしばらく救助を待っていられるような人、あるいは浮木にでも摑まって救助を待っていられる人は後回しにされます。まったく泳げない金鎚《かなづち》を先に救われる。それが親鸞の「悪人正機説」です。いや、むしろ「悪人優先説」といったほうがよさそうです。

▼絶対的な善／悪は、人間には分からない

いま、わたしは、泳ぎのできない人を悪人とし、泳ぎのできる人を善人としました。これはもちろん仏の物差しにもとづく考え方です。世間の物差しだと、こうはなりません。世間の物差しだと、悪人は悪い奴、糾弾されるべき人間です。

そして、世間の物差しだと、あなたは善い人になりなさいと、善人になることが義務づけられています。

でも、われわれは簡単に善人になれるでしょうか？

無理ですね。われわれは善人になろうとして、ついつい悪の誘惑に負けてしまいます。わたしたちは、嘘をつくことは悪いことだと知っています。でも、つい嘘をついてしまうのです。

ところが、政治家の連中——首相をはじめ大臣たち——は、平気で嘘をつきます。それが嘘だとバレても、「いや、あれは嘘ではなかった」と強弁します。だいたいにおいて強い者は、悪いことをしても罰せられません。悪いことをして罰せられるのは、弱い者です。そういう意味では、仏教者はあまり善人／悪人といった物差しを使いません。むしろ強者／弱者といった物差しを使います。わたしが、阿弥陀仏は泳ぎのできない人、すなわち弱者を先に救われる——と言ったのは、そういう意味です。だから「悪人正機説」というより「弱者正機説」といったほうがよいかもしれません。

その点について、親鸞はこう言っています。

聖人のおほせには、善悪《ぜんまく》のふたつ惣《そう》じてもて存知《ぞんじ》せざるなり。そのゆへは、如来の御こゝろによしとおぼしめすほどにしりとをしたらばこそ、よきをしりたるにてもあらめ、如来のあしとおぼしめすほどにしりとをしたらばこそ、あしさをしりたるにてもあらめど、煩悩具足《ぼんのうぐそく》の凡夫《ぼんぷ》、火宅無常の世界は、よろづのことみなもてそらごとたわごと、まことあることなきに、たゞ念仏のみぞまことにておはしますとこそ、おほせはさふらひしか。（『歎異抄』結文）

——親鸞聖人の仰せには、「善悪の二つについて、わたしはまったく知らない。なぜなら、如来の御心《みこころ》に善しと思われるところまで知りぬいてこそ、善を知ったと言えよう。如来が悪と思われるところまで徹底して知ったとき、悪を知ったと言えるのである。けれども、われわれは煩悩にまみれた凡夫であり、この世界は無常の火宅であって、すべてが嘘・偽り、真実は何一つない。そのなかで、ただただお念仏だけが真実である」と言われたのであった——

親鸞は、「何が善で、何が悪か、わしゃ知らんよ」と言っています。

英語に"God knows……"といった表現があります。文字通りには「……のことは神が知っておられる」ということですが、これは「……のことは分からない」と訳すべき言葉です。神が知っておられることは、人間には分からない。人間に分からないことを、神は知っておられる。そういうキリスト教の思想が背景にある英語の表現なんです。

それと同じことを親鸞が言っています。絶対的な善／絶対的な悪は、ただ阿弥陀仏だけが知っておられます。われわれ人間には分からない。分からないものを、分かろうとしてはいけないのです。だから親鸞は、善や悪について判断を放棄しました。

▼善人はいない。偽善者がいるだけ

われわれに分かるのは、相対的な善／悪です。世間の物差しでもってする善／悪です。だからころころ変わります。

人を殺すことは悪だと言います。では、死刑は悪ですか？　殺人犯を死刑にするのも、人を殺すことです。でも、日本では、いまでも死刑を認めています。また、戦争において敵兵を殺すことは悪ですか？　アメリカは日本に原爆を落として、非戦闘員である多数の無辜《むこ》の市民を殺傷しました。もしも日本が戦争に勝っていれば、アメリカの大統領は戦争犯罪人として死刑になったでしょうが、アメリカが勝ったもので、あの残虐行為が許されています。世間の言う悪は、そのような相対的なものです。

だから親鸞は、「(相対的な) 善／悪なんて、わしゃ知らん」と言ったのです。

仏教者としては、そんな相対的な善／悪の物差しよりも、強者／弱者の物差しで考えたほうがよいと思います。われわれは常に弱い人々の味方をすべきです。阿弥陀仏は弱い人を先に救われるのだと、そう考えるべきです。

いや、それよりも、わたしたちは悪人の自覚を持ったほうがよいと思います。なぜなら、絶対的な善人なんていないのです。人間は、多かれ少なかれ、悪いことをしています。

以前テレビ番組で、親鸞の《善人なをもて往生をとぐ、いはんや悪人をや》を解説したとき、あるタレントがわたしに、「悪人を肯定するなんて、おかしいではないか!?」と喰ってかかってきました。それでわたしは、

「では、あなたは、自分を善人だと思っているのですか?」

と訊きました。彼は、

「そりゃあ、わたしは、自分を善人だと思っていますよ。わたしは刑務所に入るような罪を犯したことはありません。ちょっとぐらいは悪いこともしましたが、〝悪人〟と呼ばれるほどの悪はしていません」

と応じました。そこでわたしは彼に、

「そう言うあなたは偽善者なんですよ」

と言いました。その言葉に、彼は「あっ」と言って、

「よく分かりました」

とお辞儀をしました。なかなか頭のいいタレントさんでした。

世の中には、善人なんていません。世の中にいるのは、自分を善人だと思っている「偽善者」と、自分を「悪人」だと自覚している人の二種類だけです。

それ故、阿弥陀仏は、偽善者だって救われるのだから、ましてや自分を悪人だと自覚している人は救われるに違いないのです。《善人なをもて往生をとぐ、いはんや悪人をや》を、わたしはそのように解釈したほうがよいと思います。

## ▼本願誇り

いま、世の中には、偽善者と悪人を自覚した人の二種類がいると書きましたが、ひょっとしたらもう一種類の人がいるかもしれません。それは「偽悪者」です。

しかしながら、〝偽悪者〟という語は、辞書にはありません。あるのは〝偽悪〟だけです。そして、

《偽悪……〔「偽善」に対してつくられた語〕わざと悪を装うこと》(『大辞林』)

《偽悪……（「偽善」の反対語としての造語）うわべだけ悪人であるかのようにふるまうこと》（『広辞苑』）

と解説されています。どうもこれだと、偽悪者は善人になってしまいます。善人なのに悪人ぶっている人になります。それだと、わたしの言いたいこととちょっと違います。わたしが考えているのは、人間はみんな悪人です。しかし、悪人のうちにも、本当は悪人であってはいけないのだ、と考えている人もいます。大部分の人はそうなんですが、なかには、

〈悪人であってなぜ悪い⁉　人間はみんな悪人ではないか〉

と開き直っている人がいます。わたしはそのように開き直っている人を「偽悪者」と呼びたいのです。辞書的な意味とは違うかもしれませんが、私流にそう考えることにします。

じつは、わたしが言いたいのは、例の、

――本願誇り――

についてです。阿弥陀仏の本願（誓願）は、あらゆる念仏者を救うというものです。しかし、とくに罪深い悪人を優先的に救われるという「悪人正機説」もあります。それならわざと罪を犯して悪人になって、阿弥陀仏に救っていただこうとする考えも出てきます。それが「本願誇り」です。自分は悪人だ。だから阿弥陀仏は、まずわたしを救ってくださ

る。そのように本願による救いを誇示している人です。

これは、わたしたちはみんな悪人なのに、なおも悪いことをするなんて、悪人救済を曲解した邪説と考えられます。だから法然は、この本願誇りに賛成しません。しかし親鸞は、

くすりあればとて毒をこのむべからず

と、いちおう本願誇りに釘を刺しながら（この言葉は、親鸞の御消息にあると、『歎異抄』第十三段に出てきます）、

弥陀の本願不思議におはしませばとて悪をおそれざるは、また本願ぼこりとて往生かなふべからずといふこと。この条、本願をうたがふ、善悪の宿業をこゝろえざるなり。（『歎異抄』第十三段）

——阿弥陀仏の本願には不思議の力があるからといって悪をおそれぬ者は、これまた本願誇りといって、お浄土に往生できないという説があるようだが、この説は阿弥陀仏の本願を疑うものであり、善／悪の宿業を知らないものである——

と、本願誇りに対してわりと好意的です。阿弥陀仏の気を引くためにわざと悪事をする。親鸞は、それもまたその人の宿業だと見たのだと思います。

## ▼悪人の自覚を持って生きる

ともあれ、わたしたちはみんな悪人です。いや、わたしはそんなに悪いことはしていない。善いこともしている。だからわたしは悪人ではない。そう主張する人は、偽善者です。それに、あなたが刑務所に入るほどの罪を犯さなかったとしても、それはあなたが善人だからではありません。あなたはさまざまな因縁によって、刑務所に入らずにすんだのです。親鸞の言葉だと、

……故聖人のおほせには卯毛《うもう》・羊毛《ようもう》のさきにいるちりばかりも、つくるつみの宿業にあらずといふことなしとしるべしとさふらひき。(同前)

となります。宿業の故に、あなたは犯罪者にならなかっただけです。

逆に、わたしたちが悪人になるのも、さまざまな因縁・宿業の故なんです。

その因縁・宿業の第一は、わたしたちがこの娑婆世界に生まれたことです。

娑婆世界は、われわれが悪人にならないと生きていけません。かりに悪人を、「他人に迷惑をかける人」と定義します。この娑婆世界においては、誰もが他人に迷惑をかけるのです。あなたが一流大学に合格すれば、確実にあなたは誰か一人を落としています。あなたが入社すれば、誰か一人は入社できなかったのです。あなたが満員電車に乗ると、あなたは乗客の全員に窮屈な思いをさせています。かといって、あなたは大学入学をやめる、入社をやめる、電車に乗らないわけにはいきません。この娑婆世界は、他人に迷惑をかけずには生きられない社会です。

つまり、娑婆世界は競争社会です。競争社会においては、「きみは負けろ。ぼくは勝つ」になります。そして勝った者だけが利益を得られるのです。

では、極楽世界はどうでしょうか？『無量寿経』は、

その国土のあらゆる万物《まんもつ》において、我所《がしょ》の心なく、染着《せんじゃく》の心なし。

と説いています。〝我所の心〟とは、これはわがものと所有権を主張する心です。〝染着の心〟とは、執着心です。だから競争心がないのです。

わたしたちは悪人です。娑婆世界においては、悪人にならざるを得ないのです。その自覚が大事です。

それを自覚して、ではどうしますか？〈悪人にならざるを得ないのであれば、悪人であっていいではないか⁉　悪人であって、なぜ悪い⁉〉と開き直る手もあります。大部分の人はそうしているでしょう。しかし、そう開き直って、あなたは幸せになれるでしょうか？　たぶん幸福になれないと思います。なぜなら、みんながそう開き直るからです。すると、たぶんあなたは競争の敗者になり、不幸になります。そりゃあ、あなたが一時的に勝者になれる可能性もあります。でも、娑婆世界においては、永遠の勝者はいませんよ。いつかあなたは惨めな敗者になります。

だから、心の中にお浄土を持つのです。

悪人というのは、弱者です。わたしたちは悪人＝弱者だから、この娑婆世界においては幸福になれません。わたしたちが真の意味での幸福になれるのは、この娑婆世界ではなく、お浄土に往ってからです。

ですから、わたしたちは、この世での幸福にあまり執着してはいけません。この世においては、まあそこそこ、ほどほどに幸せであればよいのです。そう考えられるようになれば、あんがい楽に生きられます。

悪人の自覚を持って生きるとは、そういう生き方です。

わたしは思うのです。

――わたしたちは、この世をついでに生きているのだ――

と。多くの人は、この世を真剣に生きようとします。この世だけしかない。この世がすべてだ。そう思うと、悲愴になります。しんどい生き方になります。

もっと気楽に生きましょうよ。それが心の中にお浄土を持って生きる生き方です。わたしはそのように考えています。

# 8

# 優等生 vs. 劣等生

### ▼商品化された人間

世間の物差しが前面に出てくるのは、なんといっても「優等生」対「劣等生」です。世間の人は誰もが、劣等生よりも優等生のほうが価値が高いと思います。それでわが子に優等生になってほしいと、親は期待します。遺伝子の問題を考えることなく。

しかし、百人の子どもがいて、百人が百人とも優等生にはなれません。優等生になれるのは、その半分以下です。半分以上の子どもが、劣等生の烙印を捺《お》されます。では、劣等生の烙印を捺された子どもには価値がないのでしょうか。

じつは、優等生には価値があって、劣等生には価値がないとする考え方は、「商品価値」なんです。資本主義社会においては、人間は商品として扱われ、人々は自分やわが子の商品価値を高めるためにやっきになっています。親はわが子に一流大学卒という箔《はく》を付けようとします。その箔によって、わが子の商品価値を高めるためです。そうすれば、大企業がその子を高い値段で買ってくれるからです。

そもそも教育とは何か？　何のために教育があるのでしょうか？　本来、教育というものは、その子を幸福にしてやろうとするものです。だが、日本の教育は、〝人材教育〟といった言葉もあるように、人間を材料にして一個の商品をつくるものになっています。日本の社会は、それだけおかしくなっているのです。

もちろん、親も自分を、労働力という商品として売っています。それは、資本主義社会では常識かもしれません。しかし、現代日本の社会がおかしいのは、日本人は自分の全人格を会社・企業に売り渡してしまっていることです。全人的・全人格的に商品とされてしまった存在は、まさに、

――奴隷――

です。日本の会社員は、ほとんどが会社の奴隷になっています。そういう存在を〝社奴〟と呼びます。〝会社奴隷〟です。あるいは〝社畜〟といった語もあります。家に飼われているのは〝家畜〟ですが、会社に飼われているそれは〝社畜〟です。日本の会社員は

社奴・社畜ですから、かりに企業が法律に違反するようなことをしても、それを告発できません。見て見ぬ振りをするだけです。

人間が商品化されると、老いることは労働力の低下であり、商品価値の低下になります。老いることは粗大ゴミになることであり、そして定年退職をして働けなくなれば、その人はスクラップ扱いにされます。ひょっとすれば臓器移植の思想も、人間は死ねばゴミになるのだから廃物であり、その廃物のうち利用できるものは商品として使おうというものでないでしょうか。

怖ろしい社会です。まことにこの世は穢土です。人々は負け犬にならないために、粗大ゴミと烙印を捺されないように、ただただがんばって生きています。「生涯現役」とほざいている人がいますが、その人は死ぬまで自分の商品価値を維持しておきたいのでしょう。あわれな人です。

それもこれも、われわれが世間の物差ししか持っていないからです。

心の中にお浄土がなく、仏の物差しを持っていないからです。わたしはそのように考えます。

## ▼「なんだっていい」

では、仏の物差しとは、どういうものでしょうか？　それは、

――なんだっていい――

というものです。半数の優等生にしか価値を認めず、半数の劣等生には価値を認めない、そんなおかしな物差しではありません。優等生であっても、劣等生であっても、どちらでもいい。なんだっていい。というのが仏の物差しです。

だって、劣等生がいないと、優等生にはなれませんよ。劣等生がいてくれるおかげで、優等生は優等生になれるのです。

仏の物差しは、あらゆる人に存在価値を認めるものです。優等生には価値を認めるが、劣等生には価値を認めない。それは仏の物差しではありません。劣等生がいないと優等生がいないのだから、優等生でも劣等生でも、なんだっていいのです。

善人でも悪人でも、なんだっていいのです。こんなことを言えば誤解されそうですが、犯罪者が一人もいないと、警察官、検察官、裁判官、弁護士は生きていけません。彼らが生計をたてられるのは、犯罪者のおかげです。だから、善人／悪人、どちらでもいいのです。それが仏の物差しです。かといってわたしが、犯罪のすすめをしているのではありま

せん。その点は勘違いしないようにお願いします。

健康でもいいし、病気でもよい。なんだっていいのです。それが仏の物差しです。だって、病人がいないと、医師・薬剤師・看護師は生活できません。この世には、病人がいてくれないと困るのです。

金持ちでもいいし、貧乏でもいい。なんだっていいのです。それが仏の物差しです。ですが、「なんだっていい」と言ってはいけないものがあります。それは自分の努力だけでもって達成でき、そして他人を巻き添えにしないことであれば、しっかりと努力すべきです。

たとえば、小学生が、「きょうから毎日、漢字を三つずつ憶えるぞ」と決心して努力する。それはやってください。しかし、自分の成績をクラスのトップにするぞ、と思うのはよくない。だって、自分より優秀な子がいれば、自分は一位になれません。一位になるためには、自分よりよくできる子を殺すよりほかなくなります。そういうときは、〈なんだっていい〉と思うべきことです。

だとすると、より正確に言えば、仏の物差しは、

――なんだっていいものは、なんだっていい――

となります。それを省略して、「なんだっていい」と言っているのだと思ってください。

## ▼怠け者のアリの存在価値

われわれは、アリという動物は働き者だと思い込んでいます。しかし、生物学者に聞くと、すべてのアリが勤勉ではないそうです。長谷川英祐『働かないアリに意義がある』（メディアファクトリー新書）によると、

《ある瞬間、巣の中の七割ほどの働きアリが「何もしていない」ことが実証されました》

とあります。もちろん、それは「ある瞬間」であって、そのアリがずっと働いていないわけではありません。しかし、

《一ヵ月以上観察を続けてみても、だいたい二割くらいは「働いている」と見なせる行動をほとんどしない働きアリであることが確認されました》

ということです。つまり、二割の極端な怠け者がいるわけです。

さて、いろんな生物学者の意見を参考にすると、勤勉なアリ、普通のアリ、怠け者のアリの比率を、

――二対六対二――

とします。そして、そのうちの二割の勤勉なアリを集めてコロニー（集団）をつくると、やがてそのうちの六割が普通のアリ、二割が怠け者に変わります。したがって比率は、依

然として「二対六対二」となるわけです。

これは人間の集団でも同じですね。全国の優秀な高校生を集めた一流大学でも、卒業の時点では、優秀な者が二割、普通が六割、落ちこぼれが二割になるわけです。一流大学の全員が優秀な成績で卒業するわけではありません。

逆に、怠け者のアリばかりを集めてコロニーをつくると、怠けをやめて普通に働くようになるのが六割、また二割は勤勉なアリに変わるそうです。ここでも比率は「二対六対二」になるのです。

そして長谷川英祐氏は、働かないアリ、怠け者のアリの存在価値を認めています。怠け者がいなくなると、コロニーが全滅する危険があるとさえ指摘しています。

だとすると、自然の世界は仏の物差し――なんだっていい――で運営されているのです。勤勉家／普通／怠け者のあらゆる存在に存在価値を認めているのです。

その仏の物差しを否定して、おかしな世間の物差しを強要しているのは、明治以降の資本主義社会です。いや明治以降というより、あんがいに戦後になってからではないでしょうか。それ以前は、みんなが互いに他を認め合って生きていました。怠け者も、〈あいつは怠け者だから、仕方がないよな〉と、その存在を許されていたのです。戦前の話ですが、わたしの親類に引き籠もりの亭主がいました。親類の者がその家を訪ねても、亭主は押入れに隠れて会おうとしないのです。それでも誰もそれを咎めません。そういう社会だったのです。それが仏の物差しだと思います。

▼ダブル・スタンダード

そこで、ではどうすればよいでしょうか……?

まずわたしたちは、この世を「穢土」として嫌うべきです。

いま、たいていの人は、この世にしがみついて生きています。この世の物差しに従って、世間の物差ししかないと思って、それに倚《よ》り掛かって生きています。「二度とない人生だから……」「死んで花実《はなみ》が咲くものか」「生きているうちが花」と考えています。そうすると、失敗が許されません。人生にやり直しがきかないのですから。で、失敗をすれば、自殺をするよりほかないといった心境になります。いま、日本人の自殺率は世界でも相当の高位になっています。

この世を絶対視することをやめましょう。この世は穢土だと嫌って、心の中にお浄土を持ちましょう。弱肉強食の競争原理にもとづく世間の物差しを捨てて、仏の物差しを持ちましょう。いや、世間の物差しを完全に捨てることはできません。それを捨ててしまえば、われわれはホームレスになるほかありません。だから、世間の物差しのほかに、もう一つ、仏の物差しを持つのです。ダブル・スタンダード（二重標準。二つの物差し）でいきましょう。

＊

兎と亀の話があります。

亀と競走した兎が、途中で昼寝をしたもので、亀に負けたという話です。世間の物差しによると、兎は馬鹿だ！　最後まで頑張った亀は偉い！　となります。

昔、インド人に訊いたことがあります。「兎はどうすればよかったか？」と。

じつは、娘と息子が小学生のとき、二人に同じ質問をしたことがあります。すると娘は、

「兎は昼寝をしなければよかった」と答えたのですが、息子のほうは、

「お父さん、ぼくはお姉ちゃんと違う。兎は亀と競走しないほうがよかった」

と答えました。それで、インド人はどう答えるだろうかと、興味深々でそういう質問をしたのです。

ところが、インド人の答えは、娘や息子と違っていました。

「おまえは、『兎はどうすればよいか？』と訊くが、兎には問題がない。悪いのは亀だ。だから、『亀はどうすべきであったか？』と問うべきだ」

「では、亀はどうすべきであったか？」

「亀は兎を追い越したのだろう。どうしてそのとき兎を起こしてやらなかったのだ⁉　亀は兎を起こしてやるべきであった」

「なるほど、あなたの言うことにも一理ある。けれども、兎と亀はゲームをしているのだろう。ゲームであれば、相手が油断をしていれば、わざわざ起こしてやる必要はないではないか」

「そうか、ゲームをしているのか。それなら起こす必要はない」

その年寄りのインド人は、そこで引っ込んだのですが、別の若いインド人がわたしに言いました。

「だけど、おまえは昼寝だと言うが、ひょっとしたら病気で苦しんでいるのかもしれない。起こしてやって、はじめて病気か／それとも怠けているのかが分かる。だから、やはり起こしてやるべきだ」

そのインド人の言葉に、わたしは絶句しました。

われわれ日本人は、競争に勝つことばかりを考えています。競争相手が油断をしていれば、〈しめしめ〉です。昼寝をしている兎を起こしてやるべきだ。そういう考えは、われわれにはありません。いや、兎は昼寝ではなく、病気で苦しんでいるかもしれないのです。病気であれば、声をかけてやるべきだ。そのインド人の言葉こそ、じつは仏の物差しを教えてくれているのです。

もちろん、現代日本の激烈なる競争社会で、いつもいつも兎を起こしてやれば、われわれは負け犬になってしまいます。だから、〈そんなことはできない〉となります。

それはそれで、仕方のないことです。

しかし、わたしたちは、いつもいつも世間の物差しに従って生きるのではなく、心の中で仏の物差しを持っていましょう。世間の物差しを使いながら、そのほかに仏の物差しを持っているのです。

この世は穢土なんだから、仏の物差しを常に使うことはできません。娑婆世界に生きているあいだは、ダブル・スタンダードでいくよりほかなさそうです。

## ▼ノブレス・オブリージュ

ヨーロッパの社会には、伝統的に、

――ノブレス・オブリージュ――

といった観念があります。いや、ありましたと、過去形で言ったほうがよいかもしれません。

このフランス語は「高貴なる者の義務」と訳されます。高貴なる者、すなわち社会的に地位の高い者は、それだけ大きな義務を負っている、といった考え方です。

たとえば、ちょっと古い話ですが、一九八二年にイギリスとアルゼンチンの間でフォークランド諸島の領有をめぐって紛争が勃発したとき、イギリスのアンドリュー王子が真っ先に軍艦に乗って戦地に赴きました。

貴族は、日頃は恵まれた生活をしています。だから国難のときには、それだけ義務が大きいという考え方です。これがノブレス・オブリージュです。しかし、われわれ日本人の感触だと、どうせ王子は戦場においてもぬくぬくとした生活をしているのだろうと考えます。日本のお偉いさんはそういうものです。だが、アンドリュー王子は、危うく戦死しかけたのです。

また、第一次世界大戦でも第二次世界大戦でも、戦場における死亡率は、貴族出身の士官のほうが、庶民出の兵士よりも高かったのです。

ところが、日本にはこのようなノブレス・オブリージュはありません。日本のお偉いさんは、「義務の平等」を主張します。大きな権力を握っている者は、それだけ義務も大きい――それがノブレス・オブリージュです――はずですが、与党の政治家どもは、俺たちにもプライバシーはあるとほざいています。それなら、あなたは総理大臣をやめなさい、と言いたくなりますね。ああいう政治家どもは、次の選挙で落としてやりましょう。

先程、わたしは、ヨーロッパにはノブレス・オブリージュの観念があった、、、と、過去形を使うべきだと言いました。近年はこの観念はすたれて、ポピュリズム（大衆迎合主義）が横行しています。先進国は、それだけ義務が大きいはずです。だから難民を受け容れ、経済的デメリットをがまんすべきです。それが、アメリカなどのように、わが国さえよければよいといった考え方になっています。嘆かわしいかぎりです。

思わず政治的な話になってしまいました。話を戻せば、ノブレス・オブリージュは世間の物差しではありません。ポピュリズムこそ世間の物差しです。

そして、そのようなポピュリズム＝世間の物差しに歯止めをかけていたのが、ノブレス・オブリージュといった考え方です。ところが、日本にはノブレス・オブリージュといった考え方がなかった。そうすると、もろに世間の物差しがのさばりはじめます。「俺さえよければそれでよい」「日本さえよければよい」といった世間の物差しが横行するのです。現に横行しています。

わたしは、そのような世間の物差しに歯止めをかけるのは、仏の物差しだと思います。詩人であり、童話作家であった宮沢賢治（一八九六―一九三三）はこう言っています。

世界がぜんたい幸福にならないうちは個人の幸福はあり得ない。（『農民芸術概論綱要』）

わたしは、これが仏の物差しだと思います。

## ▼「ぼくだけが合格して、ごめんね」

昔、こんな話を聞きました。

地方の高校に、東大を志望する二人の高校生がいました。AくんとBくんにしておきます。

Aくんは成績抜群で、誰もが合格まちがいなしと思っていました。しかしBくんは、たぶん一浪ぐらいはするだろうといった下馬評でした。

ところが、実際にはAくんが落ちて、Bくんが合格したのです。

Aくんは風邪も引いていたので、落ち込んで寝ていました。

そこにBくんが訪ねて来ます。

おおかたは自慢に来たのだろう……と、Aくんの母親は「帰ってくれ」と言うのを、Bくんは強引に上がり込んで来て、そしてAくんにこう言いました。

「ぼくたち二人は、ともに東大を目指してがんばってきた。二人一緒に合格できたら、どれだけ嬉しかったか。それなのに、ぼくだけ先に合格になって、ごめんね」

涙をこぼしながらそう言って、Bくんは帰って行きます。

そのあと、Aくんはこう考えました。

〈ぼくが合格して、Bくんが落ちたとき、

「ぼくだけ合格してごめんね」

と、言葉をかけただろうか。きっとぼくは、ぼくには実力があるから合格したんだ。Bくんも合格したければ、もっとがんばるべきだ。そう思ったに違いない。しかし、人が落ち込んでいるときに、「ぼくだけ先に通ってごめんね」と、そういうやさしい言葉をかけられる人間こそ、本当の人間なのだ。きっと阿弥陀仏は、

「おまえもそういうやさしい人間になれよ」

ということで、ぼくを不合格にされたのだ。これでよかったのだ〉

浄土真宗のお寺の息子であるAくんは、不合格によって阿弥陀仏のお考えを悟ることができたのです。彼は心の中にお浄土を持つことができたのです。

不合格は不合格です。阿弥陀仏に救いを求めても、不合格が合格に変わるわけがありません。でも、阿弥陀仏はAくんに「心の中のお浄土」を与えられました。そういうかたちで、阿弥陀仏はAくんを救われたのだと思います。

# 9

# 「青色青光、黄色黄光」

▼極楽世界にある蓮池

『阿弥陀経』という経典は、前にも言いましたが、阿弥陀仏のおいでになる極楽世界の光景を描写した経典です。そこにこう説かれています。これは、釈迦世尊が弟子の舎利弗《しゃりほつ》（シャーリプトラ）に語って聞かせられた言葉です。

「また、舎利弗よ、極楽国土には、七宝の池あり。八功徳《くどく》の水、その中に充満せり。……池中の蓮華、大きさ車輪のごとし。青色には青光、黄色には黄光、赤色には赤光、白色には白光ありて、微妙《みみょう》・香潔なり。舎利弗よ、極楽国土には、かくのごときの功徳荘厳《しょうごん》を成就せり」

極楽世界には大きな七宝（七種の宝石）で出来た池があり、八つの功徳をもった水で満たされています。そして車輪のごとき大きな蓮華が咲き、青色・黄色・赤色・白色と、色さまざまです。しかも、青い蓮は青く光り、黄色の蓮は黄色く、赤色は赤く、白色は白く光り、いい香りがしています。そう描写されています。

青いものが青く光り、黄色いものが黄色く光る。赤いものが赤く光り、白いものが白く光る。そう聞けば、〈なんだ、あたりまえではないか〉となるのですが、これをサンスクリット語原典の『阿弥陀経』で読むと、ちょっと違うのです。サンスクリット語だと、

青蓮華《しょうれんげ》は……ウトパラ（utpala）

黄蓮華《おうれんげ》は……クムダ（kumuda）

紅蓮華《ぐれんげ》は……パドマ（padma）

白蓮華《びゃくれんげ》は……プンダリーカ（puṇḍarīka）

で、それぞれ違っています。だからいま引用したところも、

「ウトパラは青く光り、クムダは黄色に光り、パドマは赤く光り、プンダリーカは白く光る」

となって、これはこれで筋が通っています。しかも、サンスクリット語本の場合は、この四色のほかに、

「さまざまな色（チトラ）の蓮はさまざまな色に光る」（雑色雑光）

とあります。青・黄・赤・白の四色を混ぜた色があるわけです。そういえば、光の場合は赤・緑・青紫の三色、印刷インクなどではシアン（青緑）・マゼンタ（赤紫）・イエロー（黄）の三色を三原色としますから、青・黄・赤を混ぜるとあらゆる色が出来るわけです。ちょっとおもしろいですね。

### ▼みんなそのまま光っている

しかし、われわれは、漢訳の『阿弥陀経』にもとづいて話を進めましょう。

漢訳だと、

――青色青光《しょうしきしょうこう》・黄色黄光《おうしきおうこう》・赤色赤光《しゃくしきしゃっこう》・白色白光《びゃくしきびゃっこう》――

とあります。青いものが青く光り、黄色いものは黄色く光り、赤いものは赤く光り、白いものは白く光る、ということです。すでに述べたように、〈なんだ、あたりまえではないか〉となるわけですが、じつはこれは極楽世界のあたりまえであって、われわれの娑婆世界のあたりまえでありません。

いいですか、かりにいま、

――青色青光・黄色黄光――

の、青色を優等生とします。そうすると黄色は劣等生。これは、優等生は優等生として光っており、劣等生は劣等生のままでぴかぴか光っているということです。

だが、わたしたちの娑婆世界では、そうはいきません。なるほど優等生はすばらしい。ぴかぴか光っています。しかし、劣等生は光っているでしょうか。劣等生のままではいけない。優等生になってほしい。いや、優等生とまではいかなくても、もう少し成績が良くなってほしい。それが親の願望であり、本人もそう思っています。それだと、

――青色青光・黄色青光――

にしたいのですね。それが娑婆世界の現実です。

しかし、お浄土はそうではありません。お浄土においては、劣等生は劣等生のままで、ぴかぴか光っているのです。

でも、わたしがそう説明すれば、多くの人が、

〈たしかに劣等生も光っている。しかし、その光り方がちょっと違うだろう。優等生にくらべて、劣等生の光り方は少ない〉

と思うかもしれません。そうではないのです。わたしたちは、つい比較をしたくなりま

す。差をつけたくなるのです。しかし、そんなことをしてはならないのです。〝とうとい〟という漢字には、〝貴〟と〝尊〟があります。比較した上で、一方をとうといとするのが〝貴〟です。たとえば〝貴族〟〝貴金属〟がそうです。一方、比較しないでとうとぶのが〝尊〟です。人間尊重というのはこの〝尊〟です。

お浄土において劣等生も劣等生のまま光っているというのも、比較なしで光っているのです。あるいは「無限」という概念を導入してもよいかもしれません。お浄土においては、すべての人が無限の光を発しています。だから、優等生も無限に光っているし、劣等生も無限に光っています。

だから、みんなそのまんまでいいんです。劣等生が優等生になる必要はありません。黄色が青色になる必要はありません。みんな、そのまんまでいいのです。「南無そのまんま、そのまんま」です。

金子みすゞ（一九〇三―三〇）という童謡詩人がいました。彼女は、

私が両手をひろげても、
お空はちっとも飛べないが、
飛べる小鳥は私のように、

地面《じべた》を速くは走れない。

私がからだをゆすっても、
きれいな音は出ないけど、
あの鳴る鈴は私のように
たくさんな唄は知らないよ。

鈴と、小鳥と、それから私、
みんなちがって、みんないい。

といった詩をつくっています。この《みんなちがって、みんないい》というのが、お浄土の世界です。

▼労働力という商品

青い色は「青春」を意味します。すると黄色は濡《ぬ》れ落ち葉、「老年」です。「青色青光、黄色黄光」は、「若いときは若いときですばらしいが、老年は老年ですばらしい」ということです。もちろん、お浄土においてそうなるのです。

ところが、前にも言いましたが、資本主義社会においては人間は商品価値でもって測定されます。この場合の商品は「労働力」です。したがって、労働力を企業や会社に提供できる人間に商品価値があり、もう働けなくなったら価値がなくなるのです。

そうすると、人々は老いることが怖くなります。いつまでも若さを保ちたい。そう願うようになる。「生涯現役」といったスローガンは、そのような願望をもろに表明したものです。あるいは「PPK」というのですか、「ピンピンと働いて、コロリと死にたい」といったふうになってしまいます。

悲しいですね。

ロシアの作家のゴーリキイ（一八六八―一九三六）がこう言っています。

「……働きたかったら勝手に働くがいいんだ……働くからってなんで自慢することがある？　もし、働くことで人間の相場がきまるものなら……馬にかなうものあ一人だっていやしねえや……馬は車をひくからな、そして黙ってるからな！」（『どん底』中村白葉訳、岩波文庫）

わたしたちは、生きるために、いやいや働かねばならないのです。そりゃあね、趣味で働いている大金持ちもいます。もっとも、本人は趣味で働いているつもりでいても、実際は金の奴隷になっている人がたくさんいます。しかしわたしたち庶民は、生活のためにいやいや働かねばならないのです。それを体制側は、あたかも労働に大きな価値があるかのように宣伝します。そんな宣伝に引っかかってはいけません。いやいや働かねばならないのだと認識しましょう。できれば、あくせく働くことをやめましょう。それをやめられる人は数少ないでしょうが、人間を商品価値、労働力という商品と見ることだけはやめましょう。そんなことをしていると、

――青色青光、黄色青光――

になってしまいます。いつまでも若くあって、いつまでも働きたい、と、おかしな願望を持ってしまいます。

▼老いのデメリット

老いはいいものですよ。

もちろん、老いにともなうデメリット（不利益）もあります。

手ハ振ふ足ハよろつく歯は抜る
　耳はきこへず目ハうとくなる

これは、江戸時代の臨済宗の禅僧の仙厓《せんがい》（一七五〇―一八三七）の画讃「老人六歌仙」にあるものです。このほか彼は五つの老人のデメリットを列挙しています。現代語表記でお目にかけます。

しわがよるほくろがでける腰曲がる
　頭がはげるひげ白くなる
手は振るう足はよろつく歯は抜ける
　耳は聞こえず目はうとくなる
身に添うは頭巾《ずきん》襟巻《えりまき》杖《つえ》眼鏡《めがね》
　たんぽおんじゃくしゅびん孫の手
聞きたがる死にとむながる淋しがる
　心は曲がる欲深くなる
くどくなる気短かになる愚痴《ぐち》になる

出しゃばりたがる世話やきたがる
又しても同じ話に子を誉める
達者自慢に人はいやがる

八十一歳のわたしは、写していて苦笑するばかりです。仙厓の言う通りです。でも、老いることにはそういうデメリットもありますが、逆に若さはメリット（利点）ばかりでしょうか。大仏次郎《おさらぎじろう》（一八九七―一九七三）が、

病気や貧乏や孤独が切実になって来るのが老人になってからなのは不幸なことである。（『砂の上に』）

と言っています。どの年代にも苦労はあるものです。

そもそも、メリット／デメリットというのは、世間の物差しの問題なんです。わたしたちは、老いれば老人になるのだから、その老人を生きなければならないのです。それを世間の物差しで考えるより、仏の物差しで考えましょうよ。

▼生き方／死に方はなんだっていい

仏の物差しで考えると、老いもなかなかにいいものです。いや、と言うより、仏の物差しは、

――若さもいいし、老いもいい。なんだっていい――

というものですから、老いだけがいいのではありません。なんだっていいのです。

それはそうですが、世間の物差しではマイナスに評価されている老いも、仏の物差しだとプラスになります。プラスにすべきです。

わたしは老年になってときどき思うのですが、〈お浄土が近くなったなあ……〉と、ちょっとは心の中にお浄土を持つことができます。いえ、常にそう思うのではなしに、ときどきです。ほとんどの場合、わたしも老いをかこつことしきりです。しかし、ほんの少しは、心の中にお浄土を持つことができるようになりました。

心の中にお浄土を持つということは、世間の物差しで立派な生き方／死に方をしようというのではありません。仏の物差しを持つことは、どういう生き方／死に方をしてもいいと思うことです。

キリスト教徒であった、作家の遠藤周作（一九二三―九六）が、こんなことを語ってい

ます。

私はカトリックですが、カトリックのいいところのひとつは本性をさらけ出せるということです。

椎名麟三《しいなりんぞう》さんはプロテスタントですけど、洗礼を受けた時に、私に、

「遠藤さん、ぼくは洗礼を受けたから、これでじたばたして、虚空を摑《つか》んで、死にたくない、死にたくないと叫んで死ねるようになったよ」

と言ったんです。私には椎名さんの言うことはとてもよくわかる。自分の醜いことをどんなにさらけ出しても、神さまにはたいしたことではないということです。

うまく年をとって従容《しょうよう》として死んで行っても、じたばたして死んで行ってもいいと今の私は思うんです。理性ではみにくい死にざまはしないとして、それを実行しようとしても、意識下では人間はやはり死にたくないからです。神はそんな我々の心の底をみんなご存じのはずです。だから神の眼からみると同じなんです。じたばたして死ぬことを肯定してくれるものが宗教にはあると思うからです。(『死について考える』光文社)

これは、阿弥陀仏についても同じなんです。阿弥陀仏は、

「なんだっていいんだよ。みんなそのまんまでわたしの極楽世界に来なさい」

と、言ってくださっています。ということは、死ぬ前の老年をどう生きたっていいのです。老人ばかりでなく、若い人も、どのような生き方をしてもいい。いかなる生き方／死に方をしてもいい。必ず阿弥陀仏はお浄土に迎えてくださる。そう信じて生きるのが、心の中にお浄土を持った生き方／死に方です。すべてを阿弥陀仏におまかせる。それが「南無阿弥陀仏」です。わたしは、そんなふうに考えています。

## ▼貧乏を楽しむ

一つずらして考えてみましょう。すなわち、

――黄色黄光、赤色赤光――

とするのです。〝黄色〟は黄金だから金持ちになります。〝赤貧〟という言葉があるように、こちらは貧乏人です。そうすると、

――金持ちでもいいし、貧乏でもいい。なんだっていいんだよ――

となります。世間の物差しだと、金持ちはプラスに、貧乏人はマイナスに評価されます。しかし、仏の物差しだと、「なんだっていい」のです。二つの物差しはまったく違ってい

ます。

われわれは世間の物差しに従って、貧乏を苦にし、貧乏からの脱却を願います。この点については、前に少しは述べましたが、そうするとわれわれはあくせく、いらいら、がつがつと生きねばなりません。そうしたところで貧乏から脱却できるとはかぎりません。たぶん、たいていの人は、どんな生き方をしても相変わらず貧乏でしょう。

それならむしろ貧乏を楽しく生きたほうがよいと思います。

では、貧乏を楽しく生きるにはどうするか？

江戸時代、南町奉行をつとめた幕臣の根岸鎮衛《ねぎしやすもり》（一七三七―一八一五）が見聞したことを記した、随筆の『耳袋《みみぶくろ》』（『耳嚢』といった表記もあり）には、次のような話が収録されています。長谷川政春訳『耳袋』（教育社）によって紹介します。

小石川に住む旗本が、代々貧乏で難儀をしていました。その旗本が、ある年の暮れに貧乏神を画像に描き、お神酒《みき》や洗米などを捧げて祈ります。

「私はこの数年貧乏なので、思うことが叶わないのもしかたがありませんが、一年中貧しいかわりに不幸なこともありません。ひたすら尊神がお守りくださるのでありましょう。数代の間、私たちをお守りくださる神様ですので、どうかひとつの社を建立して尊神を崇敬致しますゆえ、少しは貧乏をのがれて福分に変わりますようにお守り下さい」

貧乏神にこう言って拝んだ結果、ほんの少しは暮らしも好転し、牛天神の境内に貧乏神の祠《ほこら》を建立したそうです。なかなかおもしろい話です。

これで分かるように、貧乏イコール不幸ではありません。《一年中貧しいかわりに不幸なこともありません》と、旗本は言っています。この認識が大事です。そして、貧乏神を拝めばいい。「南無そのまんま、そのまんま」と、貧乏神を拝み、貧乏神と仲良くすればいい。それが貧乏を楽しんで生きる方法だと思います。

### ▼福の神と貧乏神は姉妹

『涅槃経《ねはんぎょう》』という大乗経典に、こんな話があります。

ある商家に美女が訪ねて来ます。

「わたしは吉祥天《きっしょうてん》よ。福徳の女神よ。あなたに福徳を授けてあげるわ」

そう言う吉祥天を、主人は喜んで迎えました。

ところがもう一人、彼女と一緒に家の中に入ろうとする女性がいました。こちらは醜女で、見るからに貧乏神です。

「おまえは誰だ？」

「わたしの名は黒闇天《こくあんてん》。わたしの行くところ、必ず災厄が起きる貧乏神よ」

「貧乏神なんかに入って来られてたまるものか。とっとと消え失せろ！」

「あんたは馬鹿ねえ。さっき入って行った吉祥天は、わたしの姉さんよ。あたしたち姉妹は、いつも一緒に行動しているのよ。わたしを追い出せば、姉さんも出て行くのよ」

そして、吉祥天と黒闇天の二人は、肩を並べて去って行ったのです。

そうなんです。吉祥天と黒闇天は姉妹なんです。あるいは一枚のコインの裏表だと思えばいいでしょう。逆境のとき、わたしたちは、ともすれば泣き言を並べ、自分の運命を呪いたくなります。しかし、そんな気持ちになってはいけません。黒闇天が来ていると、そこにきっと吉祥天も来ているのです。そう信じて、しばらく耐えていると、必ずや運命は好転するのです。

「黄色黄光、赤色赤光」――金持ちもいいけれども、貧乏だっていいのです。どちらでもいい。なんだっていい。それが仏の物差しです。

わたしたちは世間の物差しだけで生きています。そんな世間の物差しを捨ててしまいなさい――とは言いません。捨てようにも、捨てることはできないのです。

だから、ダブル・スタンダードでいいから、世間の物差しを持ちましょう。そうすれば、逆境に耐えられると思います。わたしたちがこの娑婆世界にいる時間は、あとわずかです。娑婆は苦しみの世界です。苦しみに耐えて生きないといけません。そのためには、仏の物差しを持ちましょう。

わたしはそういう提案をしたいと思っています。

## ▼金持ちの不幸

わたしは、読者を貧乏人扱いしています。まあ、ほとんどの読者は、五十億円以上の資産をお持ちでないから、貧乏人といえば貧乏人です。

でも、それほどの貧乏ではないでしょう。そこそこの資産を持ち、ほどほどの暮らしをしておられます。平安時代の貴族は、冬の寒さに震えていました。それにくらべると、冷暖房完備のわれわれの生活は、貴族のそれを上回ります。わたしたちは金持ちといえます。

しかし、金持ちイコール幸福ではありません。

世間の物差しだと、金持ちであれば即、幸福となります。だが、仏の物差しだと、金持ちでも貧乏でも、なんだっていいのです。なんだっていいということは、金持ちは幸福になるための必要十分条件ではありませんから、金持ちが幸福になるためには、ほかに条件がつきます。

その条件とは何か？　古き良き時代のヨーロッパ社会では、例のノブレス・オブリージュがそれです。高貴なる者の義務です。社会的ステイタスの高い者は、それだけ義務が大きい、といった考え方です。そのノブレス・オブリージュを自覚することによって、ノブレス（高貴なる者）は幸福になれるのです。

しかし、このノブレス・オブリージュといった観念は、日本人にはありません。

また、昔の殿様は、戦争に負けると、勝者によって自殺を命じられたり、命じられる前に自発的に自殺しました。そうすることによって、権力者は「責任」をとったのです。だが、第二次世界大戦に日本は敗れても、権力者は自殺しませんでした。「責任」をとらなかったのです。それが戦後の権力者の無責任につながると思います。

話が脱線しかけていますが、現代の日本にはノブレス・オブリージュもないし、権力者・為政者には重い責任があるといった観念もありません。みんな自分のことだけ考えていればいいといった、おかしな風潮になっています。そうすると、義務もないし責任もないから、ただ権力を握り、金を儲けることだけに専念します。大きな権力を持てば義務も大きくなる、金持ちになればなるほど責任も重くなるといった歯止めがないから、より強い権力を求め、さらなる金持ちになることだけを考えるようになるのです。

その結果、日本では、金持ちも権力者も不幸になりました。彼らは際限のない欲望を充たすために、きゅうきゅうと、あくせく、いらいら、がつがつと生きねばならないからです。それに、彼らが少しでも失脚すれば、ものすごい世論の糺弾を浴びます。庶民は、彼らが自分のことしか考えていないことをよく知っていますから、糺弾する機会が得られると、徹底的に叩くのです。しかし、わたしは、彼らに同情しません。「ザマアミロ！」「もっとやれ！」と思っています。

### ▼金持ちの心得

大金持ち批判、権力者批判はそれくらいにしておきます。それに大部分の読者は、そんな批判を受けるほどの金持ちではありません。金持ちといっても、ほんのそこそこの金持ちです。そのような、ほんのそこそこの金持ちが幸福になるには、どうすればよいでしょうか……？

――ほんのちょっと損をする勇気――

を持ってください。わたしは、そのように言いたいですね。

或人語て曰、此前行脚の時、師好んで悪き宿を借り給ふ。我同じ銭を乍レ出悪き宿は御無用也と云ければ、師曰、同じ銭を出すならば、人の為に成《なる》やうにせでは。能宿は人毎に借間事不レ欠。悪き宿の人に借《から》れず、つゝきかぬる処に助留《たすけどまり》に留《とまり》たるは、功徳に非ずや。少《すこし》我身不自由なる分は、一夜のこと也と云て、弥《いよいよ》悪き宿に留《とまり》給と也。

――ある人がこう語った。「以前、行脚《あんぎゃ》（修行の旅）をしたとき、師はわざと悪い宿に泊まられた。わたしが、『同じ金を出しながら、悪い宿はやめましょうよ』と言えば、師は言われた。『同じ金を出すのであれば、人のためになるようにすべきだ。良き宿は多くの人が泊まるから問題はない。悪い宿で人々が泊まってくれず、維持が困難な所に〝助け泊まり〟に泊まるのが功徳ではないか。自分がちょっと不快な分は、たった一晩のことだから』と言われて、ますます悪い宿に泊まられた」と――

これは、江戸時代初期の曹洞宗の禅僧の鈴木正三（一五七九―一六五五）の著作、『驢《ろ》鞍橋《あんきょう》』の一節です。同じ金を払いながら、わざわざ悪いほうを選んで泊まる。それだと不便です。ちょっと損をします。しかし、正三はそれを「助け泊まり」（助留）と呼んでいます。これが仏の物差しだと思います。

そんなに大損をする必要はありません。あなたにできる、ほんのちょっとした損でいいのです。この娑婆世界は、相対関係の世界です。誰かが損をすれば、誰かが得になります。だから、あなたが損をすることによって、誰かを儲けさせているのです。そう考えることができるようになれば、あなたは幸福になれるでしょう。

## ▼布施の精神

仏教でいう布施は、あなたがちょっと損をすることではないでしょうか。普通、布施といえば、人に賽銭、財物を施すことです。だが、日本の曹洞宗の開祖の道元（一二〇〇―五三）は、

その布施といふは不貪《ふとん》なり。不貪といふは、むさぼらざるなり。むさぼらずといふは、よのなかにいふへつらはざるなり。（『正法眼蔵』菩提薩埵四摂法）

と言っています。布施とは不貪だというのです。

たとえば、満員電車の中で、年寄りや身障者に席を譲るのも布施です。でも、はじめから坐らずに、空席があるのに立っていることだって布施だと、道元は言っているのです。そうすると、誰かがその席に坐れるからです。

もちろん、みんな坐りたいですね。坐りたいといった欲望があります。その欲望を抑えるのが不貪、むさぼらないことです。それが布施なのです。

だとすると、布施とは、自分がちょっと損をすることです。

ほんのちょっとした損でいいのです。たとえばスーパーで買えば安いかもしれません。でも、一円、二円の損をして、おじいちゃん・おばあちゃんが営んでいる街の商店で買ってあげるのも布施です。道元流に考えると、そうなります。

わざわざ悪い宿を選んで泊まってあげるのも、正三流には布施になります。

そして道元は、その布施を、

《よのなかにいふへつらはざるなり》

と言っています。これは、世間に迎合しないということであって、世間の物差しに同調しないことだと思います。

それは仏の物差しを持つことです。

でも、昔の禅僧であれば、常に仏の物差しでもって行動できるでしょう。けれども、わたしたちにはそれは無理です。現代のお坊さんだって、彼等は出家者ではありませんから(所得税を払っていますから)、仏の物差しでもっては行動できません。

だから、ごくたまにでいいのです。わたしたちは思いついたとき、ごくたまに、ちょっとした損、自分にできる範囲での損をするようにしましょう。そうすると幸せに生きられます。わたしはそう思います。

### ▼老人病は病気じゃない

もう一つずらします。すると次は、

――赤色赤光・白色白光――

になります。そして赤い色は健康、色の白いのは病人と考えてください。つまり、これは、

――健康でもいいし、病気でもいい。なんだっていい――

ということです。これは仏の物差しです。世間の物差しは、健康がよくて病気は悪いというものです。でも、仏の物差しだと、どちらでもいいのです。

病気が悪い――と言われても、「はい、そうですか。では、わたしは病気をやめます」となりますか。そうではないでしょう。わたしたちは病気になれば、その病気が治るまでのあいだ、病人として生きるよりほかありません。ならば、「病気は悪い。すぐさま病人をやめなければならない」と思って生きるより、「健康もいいけれども、病気もまたいいものだ」と思って生きたほうがよいですね。それを仏の物差しは教えています。

それから、病気を敵視し、病気と闘う生き方は、私は愚策だと思います。

そりゃあ、細菌やウイルスによって起きる病気は、闘ってもいいですよ。細菌やウイルスをやっつけることによって病気は治ります。しかし、そのために医者にかかり、薬を服用しなければならない——と考えるのは、あまりにも短絡的です。人間のからだには自然治癒力があって、ごく自然に病気は治るものです。その自然治癒力が衰えたとき、医学や薬学が必要になるのです。現代人はあまりにも医学や薬学に頼りすぎています。

それよりも問題なのは、成人病です。脳卒中・癌・高血圧・心臓病などがそれです。わたしはこれを「老人病」と認識しています。老人になると多かれ少なかれこういう症状が出てくるので、病気というより年寄りの症状だと思います。

ところが一九九七年に、厚生省（現在の厚生労働省）はこの「成人病」を「生活習慣病」と改称しました。なぜ改称したのかといえば、医師の中村仁一氏はわたしとの対談でこう言っています（ひろさちや・中村仁一共著『しっかり死ぬということ』李白社）。

《生活習慣病という名称には、「あなたの生活習慣が悪かったからこういうザマになった。これは自己責任ですよ」という意味が籠《こも》っている。責任転嫁の要素が入ってきたのだと感じました。年をとるのは別に個人の責任ではないですから仕方がありません。けれども、生活習慣が悪いよ、と言われると、あんたが悪いんじゃないの、になってしまう。そうい

う責任転嫁が、名称を替えることによってできるようになったと私は思っています》
老人病ということになれば、医者にかかろうとする人は少なくなります。そうすると医者は困る。それで生活習慣病ということにして、病院に来させようとするわけです。わたしは厚生省の陰謀だと思いますね。
ともかく、わたしたちは病気になっても、病気と闘わないほうがいい。老人になるとガタがくるのだから、そのガタのまま老年を楽しめばよい。それが仏の物差しだとわたしは考えています。

### ▼法然の病気に対する考え方

病気に対する法然の考え方は、次の書簡によく表れています。これは『浄土宗略抄』と呼ばれる、鎌倉二位の禅尼に宛てたものです。

宿業かぎりありて、うくべからんやまひ（病）は、いかなるもろ〳〵のほとけ（仏）かみ（神）にいのるとも、それによるまじき事也。いのるによりてやまひ（病）もやみ、いのち（命）ものぶる事あらば、たれかは一人としてやみ（病）しぬ（死）る人あらん。いはんや又仏の御ちからは、念仏を信ずるものをば、転重軽受といひて、宿業かぎりありて、をもく（重）うくべきやまひ（病）をかろくうけさせ給ふ。いはんや非業をはらひ給はん事ましまさざらんや、されば念仏を信じる人は、たとひいかなるやまひ（病）をうくれども、みなこれ宿業なり。これよりもをもく（重）こそうくべきに、ほとけの御ちからにて、これほどもうくるなりとこそは申す事なれ。

病気になるのも宿業なんです。宿業というのは、自己責任だと思えばよいでしょう。仏や神に祈ったところで、病気にならないわけではないし、病気が治るわけではありません。祈り、あるいは念仏によって寿命が延びるのであれば、誰一人、病死する者はない。法然はそう言っています。

しかし、念仏者は、病気を転重軽受するのです。重いものを軽く受ける。それが念仏のメリットです。本当は、もっと重いはずの病気を、阿弥陀仏のお力によってこれほどまでに軽くしてくださった。ありがたいなあ。念仏者はそう考えることができます。いや、念仏者は、そのような態度でもって病気に対処すべきです。

それが法然の考えです。

## ▼病気と仲良く

老人病と闘うな！　わたしはそう言いました。それは精神病についても言えます。精神病の場合、病気と闘えば、自己自身と闘っていることになります。いわば自己の存在を否定しているわけです。老人病だって、老人という自己自身と闘うことになる。だから、病気と闘ってはならないのです。

闘うのではなく、わたしたちは、

――病気と仲良く――

すべきです。病気のまま、楽しく生きることができれば万々歳です。

つまり、「南無そのまんま、そんまんま」です。

それなのに、わたしたちは病気を克服しようとします。うまく克服できれば、それでよいですよ。でも、病気なのは自分自身ですから、悪友と絶交するようなわけにはいきません。われわれは自分自身と絶交できないのですから、その自分自身と付き合っていかねばならない。そして付き合うのであれば、こいつはいやな奴だと毛嫌いするのではなく、むしろいい奴だと思って仲良く付き合ったほうがいい。それが仏の物差しによる生き方になります。

しかし、わたしは、医者の治療を受けるな！　と言っているのではありません。医者の治療を受けてもいいのですが、その場合、医者は世間の物差ししか持っていないことをしっかりと認識しておいてください。成人病を生活習慣病と言い紛らわして、それと取り組もうとします。そんなことをすれば、自己自身を否定することになるのですが、それが医者の商売だから仕方がありません。わたしたちは医者の治療を受けながら、しかしそのほかに仏の物差しのあることをしっかりと確認しておくべきです。わたしは、それが病気と仲良くする生き方だと思います。

世間の物差しを捨てなさい——とは言いませんよ。世間の物差しを捨てて生きることができたのは、釈迦世尊やその弟子たちだけです。つまり出家者。そして出家者はホームレスです。われわれ現代日本人はホームレスにはなれません。ただ、われわれは世間の物差しのほかに仏の物差しのあることを知って、ダブル・スタンダードで生きることにしましょう。それがわたしの提案です。

# 10

# お浄土へのお土産

▼美しい思い出

　母が九十歳を迎えたころ、わたしは母とこんな会話をしました。

「お母ちゃんは、もうすぐお浄土に往くやろ……」

「そやなあ、もうすぐやな……」

「ほんならお母ちゃん、ちゃんとお浄土に持って往くお土産を準備してるか？」

「えっ⁉　お浄土に往くのに、お土産なんて要るのか？」

「あたりまえやんか。お浄土には、お父ちゃんやお祖母《ばあ》ちゃん、いっぱい知った人がいるやろ。お土産を持って往かんと、あかんで……」

「そうやな。そやけど、何をお土産に持って往ったらええねん。お浄土へのお土産って、何や？」

そうですね。お浄土にはお金を持って往くわけにはいきません。品物もだめです。棺桶の中にダイヤモンドの指輪を入れておいても、あれは炭素ですから燃えてしまいます。

では、お浄土に持って往けるものは何でしょうか？

わたしは母をしばらく考えさせておいてから、教えました。

「お母ちゃん、お浄土に持って往けるお土産は、物質的なものではない。それは分かるやろ。お浄土へのお土産は、この世でつくった〈思い出〉やで。それも、普通の〈思い出〉ではなく、それは、

——美しい思い出——

や。その〈美しい思い出〉を持って、われわれみんなお浄土に往くんやで……」

「ふーん、〈美しい思い出〉か……。どういうのんが〈美しい〉のか？」

母のその質問は、わたしの言いたいことをちゃんと押さえていました。この世で見た美しい風景は、お浄土へのお土産になりません。だって、お浄土の光景はもっと美しいのです。この世で食べたおいしいご馳走も、「美しい思い出」にはなりません。お浄土のご馳走のほうが、もっともっとおいしいのです。もっとも、お浄土でどういうものを食べるか、

わたしはよく知りません。それから、経典に描写されているお浄土の風景も、あまりわたしには美しいとは思えません。しかし、わたしたちは世間の物差しでもって、美しい／美しくないを考えています。そんな世間の物差しでいう「美しい思い出」ではありません。仏の物差し、お浄土の物差しでいう「美しい思い出」です。

わたしは、母にそのように説明しました。それから六年後、九十六歳で、母はお浄土に旅立ちました。もちろん、「美しい思い出」をお土産に持って往きました。

▼極楽浄土は故郷

法然は八十歳で入寂されました。建暦二年（一二一二）正月二十五日です。

その月のはじめ、正月二日に法然は病床に就いています。そして翌正月三日のことです。

同三日、ある弟子、「今度《こたび》、御往生は決定歟《けつじょうか》」とたづね申に、「われ、もと極楽にありし身なれば、さだめてかへりゆくべし」とのたまふ。（『法然上人行状絵図』第三十七）

「ご往生はまちがいございませんか」と弟子の一人が尋ねました。いささか無礼な質問です。でも、それに対する法然の返答がいいですね。

《「われ、もと極楽にありし身なれば、さだめてかへりゆくべし」》

極楽は法然にとって故郷なんです。その故郷から娑婆世界にやって来て、そしてまた故郷に帰って往くのです。それが法然の回答でした。

法然のこの返答の背後には、おそらく『法華経』の「観世音菩薩普門品《かんぜおんぼさつふもんぽん》」（これは『観音経』といった独立の経典に扱われています。そこで以下では『観音経』と呼びます）の思想があったと思われます。すなわち『観音経』は、観世音菩薩は、

娑婆世界に遊びたまう（遊於娑婆世界）。

と言っています。極楽世界の菩薩である観世音菩薩が三十三身に変身して、この娑婆世界に遊びに来ておられると言っているのです。〝遊び〟といった語にわれわれは抵抗を感じるかもしれませんが、仏教語の〝遊戯《ゆげ》〟といった言葉は、菩薩が自由自在に何ものにもとらわれずに教化の活動をなさることをいいます。いい言葉なんですよ。

観世音菩薩はさまざまな姿（三十三身）に変身して、この娑婆世界に来ておられます。そのうちには、

——比丘《びく》・比丘尼《びくに》・優婆塞《うばそく》・優婆夷《うばい》・童男・童女——

の六身が含まれています。男性の出家者が比丘で、女性のそれが比丘尼。優婆塞は男の在家信者で、女のそれが優婆夷です。そうすると、

出家（比丘・比丘尼）も在家（優婆塞・優婆夷・童男・童女）も、

男（比丘・優婆塞・童男）も女（比丘尼・優婆夷・童女）も、

おとな（比丘・比丘尼・優婆塞・優婆夷）も子ども（童男・童女）も、

みんな観世音菩薩の変身です。つまり、あなたもわたしも、本当は極楽世界の観世音菩薩なんですが、しばらく人間の姿になって、この娑婆世界に遊びに来ているのです。『観音経』はそのように言っています。

もっとも、娑婆世界に遊びに来ているのは、ひとり観世音菩薩だけではありません。『法華経』によりますと、ほかに薬王《やくおう》菩薩や妙音《みょうおん》菩薩が、それぞれの仏国土からこの娑婆世界に遊びに来ておられます。だから、わたしたちは自分を薬王菩薩、妙音菩薩だと思ってもよいのですが、われわれは極楽世界の阿弥陀仏を信じているのですから、自分を極楽世界から来た観世音菩薩と信じることにしましょう。法然が極楽世界を自分の故郷だと言ったのは、そういう意味だと思います。

### ▼お浄土に帰る

さて、わたしたちは極楽世界の住人であって、極楽世界からこの娑婆世界に遊びに来ているのです。そのことは『阿弥陀経』にも説かれています。

その国の衆生、常に清旦《しょうたん》をもって、おのおの衣裓《えこく》をもちいて、衆《もろもろ》の妙華《みょうけ》を盛り、他方の十万億の仏を供養す。すなわち食時《じきじ》をもって、本国に還到《げんとう》して、飯食《ぼんじき》し、経行《きんひん》す。

ここに現代語訳をつけてもよいのですが、岩波文庫の『浄土三部経（下）』には、紀野一義による梵文和訳がありますので、それを引用しておきます。

かの（世界）に生まれた生ける者どもは、ひとたび朝食前の時間に他の諸々の世界に行って、百千億の仏たちを礼拝し、一々の如来の上に百千億の花の雨を降らして、もとどおり昼の休息のためにかの世界に帰って来る。

極楽世界の人々は、ちょっと朝飯《あさめし》前の時間に他の世界に行って戻って来るのです。わたしはここから「きわめて簡単なこと」を意味する〝朝飯前〟といった言葉が出来たのではないかと思います。

まあ、それはともかく、娑婆世界と極楽世界では、時間の長さが違います。極楽の朝飯前の短い時間が、娑婆世界の何万年、何億年に相当します。だからわたしたちは娑婆にやって来て、何万年、何億年になるかもしれません。いまさらお浄土に〝帰る〟と言われても、あまり実感が湧かないかもしれません。それでも極楽浄土はわれわれの故郷です。『阿弥陀経』も、そのように語っています。

わたしたちはそのように信じて、お浄土に帰ることにしましょう。

## ▼光ばかりだとものは見えない

それでは、われわれは何のためにわざわざこんな娑婆世界にやって来たのでしょうか……？

われわれが、この娑婆世界にやって来たのは、極楽世界では学べないものを学ぶためです。わたしはそのように思います。極楽世界にあって学べるのであれば、なにもわざわざ娑婆世界に来る必要はありません。極楽世界では学べないからこそ、この娑婆までやって来たのです。

では、極楽世界において学べないものとは何か？

じつは、前にも述べましたが、極楽世界は光ばかりの世界です。

そこには影がありません。

影がないと、ものは見えないのです。

南極大陸などでは、よくホワイトアウト現象が生じます。一面の雪の乱反射のために、まったく光ばかりになってしまいます。それをホワイトアウトと呼ぶのですが、そうするとまったく何も見えなくなります。自分の手も足も、顔も、何も見えない。天地の区別も方向の感覚も、距離感もなくなります。南極観測隊に参加した人から教わりましたが、そんなとき、一歩でも歩いたらダメだそうです。クレバスに落ち込む危険があるからです。このホワイトアウトは富士山の猛吹雪の際にも起きるもので、昔、富士山に測候所があったとき、噴火口跡に落ちて死んだ人がいました。

つまり、われわれにものが見えるのは、もちろん光があるからですが、逆に光ばかりになってもものは見えないのです。

別の例で説明します。みなさんは、次ページの上図に三角形が見えますか？　見えないでしょう。これは光ばかりの状態です。しかし下図には影（黒い部分）があります。そうすると三角形が見えるのです。

つまり、お浄土は光ばかりの世界であり、そこでは何も見えないのです。影があることによって、はじめてものは見えるのです。

## ▼悩み、苦しむために娑婆に来た

では、影とは何でしょうか?

それは、悲しみであり、苦しみであり、悩みです。

お浄土は、極楽世界と呼ばれるように、極めて楽しみの多い世界です。楽しみばかりの世界。幸福ばかりの世界です。

幸福ばかりであれば、幸福のありがたみが分かりません。
不幸を体験することによって、真に幸福のありがたさが分かるのです。
そのためにわたしたちはわざわざ苦しみの世界であるこの娑婆に

来たのです。

この娑婆世界で悲しみの涙を流すために、もがき苦しみ、悩むために、この娑婆で生きているのです。もちろん、この世にもちょっとした喜び、ちょっとした幸福はあります。それを楽しんではいけない——と言うのではありませんが、それに執着してはいけません。この娑婆は穢土なんだと認識すべきです。わたしたちは本質的に苦しみの世界に生きているのだと自覚して、苦しみをしっかりと苦しむべきです。それが、わたしたちが生きていることの意味です。

そして、その苦しみの体験、悲しみの体験、悩みの体験が、お浄土へのお土産になります。わたしは、お浄土へのお土産は「美しい思い出」だと言いましたが、その美しさはこの世の物差しで測った美ではありません。お浄土の物差しで測った美しさです。それは、お浄土にないものが美しいのです。お浄土にないもの。それは涙であり、汗であり、溜め息であり、呻き声です。

わたしたちはこの世で体験した、悲しみ、悩み、苦しみをお土産にして、お浄土に帰りましょうよ。いや、もうしばらくでしょうが、わたしたちはこの世に生きています。そのしばらくのあいだ、わたしの流す涙がお浄土へのお土産になると思って、しっかりと悲しみの涙を流しましょう。悩み、苦しみのときに発する呻き声がお浄土へのお土産になると信じて、どっぷりと呻き声を発しましょう。

それが、この世に生きる人間の生き方です。人間は、悩み、苦しむためにわざわざこの娑婆世界に生まれて来たのです。わたしはそう信じています。

### ▼ここを去ること遠からず

「そやけどな、お母ちゃん、安心しいや。お母ちゃんは、お浄土に持って往くお土産をいっぱい持ってるからな……」

わたしは母にそう語って聞かせました。

前にも書きましたが、母が夫を失ったのは、母の三十歳のときでした。そのあと母は、われわれ四人の子どもと、その上、お姑さんまでかかえて苦労しました。女の細腕で、五人もの人間を養わねばならなかったのです。その苦労は、筆舌に尽くしがたいものなはずです。

しかし、その苦労が、お浄土へのいいお土産になります。

母は父に、母からすれば夫ですが、お浄土において報告します。お土産を披露するのです。

「こんな苦労をしました。あんな苦労もしました。でも、わたしは、子どもたちをちゃんと育てました」

「そうか、よくやったね」

きっと父は妻にお礼を言うでしょう。

わたしは母に、そのように語って聞かせました。母はわたしに、「ありがとう」と言っ

てくれました。母の死の六年ほど前のことです。

*

『阿弥陀経』には、

その時、仏、長老舎利弗に告げたもう、「これより西方、十万億の仏土を過ぎて、世界あり、名づけて極楽という。その土に仏ありて、阿弥陀と号す」

とあります。阿弥陀仏は、遠い遠い彼方においでになるとされています。

ところが、『観無量寿経』によると、

その時、世尊、韋提希《いだいけ》に告げたまう、「汝よ、いま、知るやいなや。阿弥陀仏、ここを去ること遠からざるを」

とあります。《ここを去ること遠からず（去此不遠）》というのだから、われわれのごく近くにおいでになるのです。

二つの経典は矛盾しています。いったいどちらが正しいのでしょうか？

わたしは、これは心理的距離だと思います。

わたしたちが浄土を文献的に読んでいるときは、極楽世界は十万億土の彼方にあります。遠い遠い場所であり、ある意味では存在しない世界です。

しかし、わたしたちが阿弥陀仏を信ずれば、お浄土の存在を信ずれば、阿弥陀仏はここを去ること遠からず、わたしたちのすぐ近くにおいでになるのです。だって阿弥陀仏を信ずるということは、心の中にお浄土を持つことです。わたしたちの心の中にお浄土があり、阿弥陀仏がおいでになるのだから、ごく近くにおられるのです。

そうなんです。わたしたちがこの娑婆世界にいるのは、ごくわずかの期間です。わたしが八十一歳だから、あとごくわずかだと言うのではありません。お浄土の無限の時間にくらべると、娑婆世界にいるのはごくごく短時間になります。そのわずかの時間を、わたしたちは心の中にお浄土を持ち、心の中に阿弥陀仏を持って生きましょう。わたしは読者に、そのようなすすめをしたいと思います。

[著者略歴]
ひろ さちや
1936年、大阪市に生まれる。東京大学文学部印度哲学科卒業。同大学院人文科学研究科印度哲学専攻博士課程中退。
気象大学校教授を経て、現在、仏教・インド思想の研究、執筆等に幅広く活躍。仏教を、一般の人々に平易な言葉で伝えている。主な著書に『仏教の歴史』（全10巻）『仏教　はじめの一歩』『人間の生き方を道元に学ぶ』『因果にこだわるな』『釈迦』『仏陀』『面白いほどよくわかる世界の宗教／宗教の世界』『親鸞』『法然』『道元』『仏教の釈迦・キリスト教のイエス』『大乗仏教の真実』『生活のなかの神道』（以上、春秋社）、『自分らしく生きるための禅』（中経出版）、『日本仏教史』（河出書房新社）、『〈法華経〉の真実』（佼成出版社）、『「孤独」のすすめ』（SBクリエイティブ）、『気にしない、気にしない』（PHP研究所）など600冊を超える。

ひろさちやのいきいき人生3
浄土にまなぶ
二〇一八年五月二〇日　第一刷発行
著　者　ひろ　さちや
発行者　澤畑吉和
発行所　株式会社春秋社
東京都千代田区外神田二－一八－六（〒一〇一－〇〇二一）
電話　〇三－三二五五－九六一一（営業）
〇三－三二五五－九六一四（編集）
振替　〇〇一八〇－六－二四八六一
http://www.shunjusha.co.jp/
装　幀　伊藤滋章
印刷所　信毎書籍印刷株式会社
製本所　根本製本株式会社
定価はカバー等に表示してあります

ISBN978-4-393-13413-9

◎ひろさちや◎

ひろさちやのいきいき人生［全５巻］

| | | |
|---|---|---|
| 1 | 釈迦にまなぶ | 1700円 |
| 2 | 禅にまなぶ | 1700円 |
| 3 | 浄土にまなぶ | 1700円 |
| 4 | 密教にまなぶ | 予価 1700円 |
| 5 | イエスにまなぶ | 予価 1700円 |

*価格は税別